O Brado do Ipiranga

Cecilia Helena de Salles Oliveira
Claudia Valladão de Mattos
(ORGANIZADORAS)

O Brado do Ipiranga

edusp
MUSEU PAULISTA
UNIVERSIDADE DE SÃO PAULO
IMPRENSA OFICIAL

Dados Internacionais de Catalogação na Publicação (CIP)
(Câmara Brasileira do Livro, SP, Brasil)

O Brado do Ipiranga / Cecilia Helena de Salles Oliveira, Claudia Valladão de Mattos (orgs.). – São Paulo: Editora da Universidade de São Paulo: Museu Paulista da Universidade de São Paulo, 1999. (Acervo, 2).

Vários autores.
ISBN 85-314-0518-1 (Edusp)

1. Brasil – História – Independência, 1822 2. Brasil – História – Período da Independência I. Oliveira, Cecilia Helena de Salles. II. Mattos, Claudia Valladão de.

99-2882 CDD-981.034

Índices para catálogo sistemático:
1. Independência: Brasil: História 981.034
2. Período da Independência: Brasil: História 981.034

Edusp – Editora da Universidade de São Paulo
Av. Prof. Luciano Gualberto, Travessa J, 374, 6º andar
Edifício da Antiga Reitoria, Cidade Universitária, Butantã
05508-900, São Paulo, SP, Brasil
Fones: (0XX11) 818.4008, 818.4150 – Fax: (0XX11) 818.4151
www.usp.br/edusp – e-mail: edusp@edu.usp.br

Museu Paulista da Universidade de São Paulo
Parque da Independência, s/n., Ipiranga
04299-970, São Paulo, SP, Brasil
Fones: (0XX11) 275.5165
Fone-Fax: (0XX11) 273.9165
E-mail: mp@edu.usp.br

Impresso no Brasil 1999
Foi feito o depósito legal

Sumário

O *Brado do Ipiranga* na Coleção Acervo

Um dos principais objetivos da coleção Acervo, editada pela Edusp, em parceria com o Museu Paulista da USP, é o de tornar acessível, seja a pesquisadores, seja ao público mais amplo, textos de historiadores e documentos, pertencentes ao acervo do Museu, que constituem referências para o conhecimento da complexa formação histórica da sociedade brasileira e paulista.

Nesse sentido, a edição fac-similar da obra *O Brado do Ipiranga*, de Pedro Américo de Figueiredo e Mello, escrita e publicada pela primeira vez em 1888 – acompanhada de esboços do artista pouco conhecidos e explorados – vem preencher lacuna significativa em termos do estudo da formação da memória da Independência e da compreensão dos significados históricos e estéticos daquela que se tornou a representação emblemática do episódio de 7 de setembro de 1822.

Para os inúmeros freqüentadores do Museu Paulista da USP – o conhecido e querido Museu Paulista –, a tela *Independência ou Morte!*, que pode ser observada no Salão de Honra e que expressa uma das mais importantes peças de nosso rico e variado acervo, testemunha não só o sentido que a Independência adquiriu nos fins do século XIX como exprime, de forma cabal, o caráter do edifício-monumento construído para delimitar o lugar do "grito" e que, desde os últimos anos do século passado, abriga o Museu e suas coleções.

Mais do que isso, porém, em razão da intensa visitação de professores e estudantes, o painel, além de sensibilizar o olhar para traços, cores, dimensões e impressões historicamente datados, tem servido como eixo ou motivação para o ensino da história e para a elaboração de reflexões sobre os modos pelos quais aprendemos a conhecer a Independência.

Por essa razão, é muito oportuna a edição deste opúsculo e dos esboços, juntamente com a tela e cartas do artista aqui reproduzidas. Trata-se, na verdade, de conjunto de fontes históricas de inegável valor que faz parte do patrimônio cultural deste país. Mas, além disso, sua divulgação e mais fácil acesso certamente irão motivar novas pesquisas sobre o leque bastante grande de problemas colocados, seja pela tela, seja pelo opúsculo, seja ainda pelos esboços. Ou seja, nunca é demais insistir, os acervos museológicos e mais especificamente os acervos conservados no Museu Paulista representam documentos de inestimável valor para a investigação e produção de novos conhecimentos sobre nossa história e nossa cultura. São também, ao lado do próprio espaço do Museu, pretextos para a fruição estética, prazerosa e lúdica que instituições como essas podem proporcionar ao público.

Assim, convido o leitor a acompanhar o traço e as palavras de Pedro Américo e a discutir, juntamente com as considerações de Cecilia Helena de Salles Oliveira e Claudia Valladão de Mattos, a obra e as propostas de um dos mais importantes artistas brasileiros. Mas, que o convite não se limite ao livro. Nada substitui uma visita ao Museu Paulista e o impacto provocado pelo encontro, ao vivo, do painel *Independência ou Morte!*

Prof. Dr. José Sebastião Witter
Diretor do Museu Paulista – USP

Pedro Américo

O Brado do Ipiranga ou a Proclamação da Independência do Brasil

O Fato

I

Havia mais de um quarto de século que o espírito humano quebrara a cadeia de ferro com que jazia agrilhoado ao cepo do despotismo.

Semelhante à vaga dos mares intertropicais, a onda da liberdade, em sua vertiginosa carreira de continente em continente e de sociedade em sociedade, iluminava com sua grimpa de fogo as fragas e os escolhos que se opunham à sua passagem.

As consciências puras uniam-se aos ânimos altivos para protestarem contra a tirania, que o tempo e o torpor humano deixaram entronizar-se, e que o próprio tempo e o despertar deles agora destruíam ao som de anátemas terríveis e ruidosos contraprotestos.

A alma do súdito sentiu-se de repente convertida em alma de cidadão; e cresceu na proporção dos obstáculos elevados pelo terror, única demonstração do direito dos déspotas aos que os amaldiçoam.

Embalde organizavam-se reações para resistir à majestosa vaga: as muralhas e os diques cimentados pela tradição eram impotentes contra os implacáveis embates, donde rebentava o heroísmo e eruptavam jorros de luz.

Despertados de sobressalto, e aterrorados pela imensidade da universal revolta, os representantes da opressão e do privilégio sentiam no ar os adejos da liberdade triunfante, e logo depois flamejar em todos os horizontes a espada vitoriosa de Napoleão, a quem consideravam um monstruoso produto da revolução e do despotismo pessoal, um ser novo,

O Brado do Ipiranga

inesperado, sem predicados nem formas que correspondessem aos gitos preconizados.

Dessa descomunal perturbação originou-se a atonia pública, no seio da qual se alimentaram igualmente, e fortificaram, os princípios opostos, em nome dos quais a alma humana transmudou-se em conciliábulo tumultuário, e as praças da Europa em campos de batalha.

Era uma tempestade sem leis, no mundo físico e no mundo moral, em ciclone cujos efeitos só poderia calcular aquele que fosse compreendido na sua vasta trajetória.

De um lado ofuscantes clarões, de outro sombras aterradoras; e por toda parte, e em todos os horizontes, a sinistra imagem de Bonaparte, sem dar pausa, nem trégua, nem esperança de se conseguir suspender por um dia, sequer, a medonha conflagração dos elementos constitutivos do antigo sistema de estabilidade política, baseado no entorpecimento intelectual e moral dos povos.

II

Tal foi a causa direta da partida do regente português para o Brasil, onde já cruentas expiações haviam santificado a terra destinada às grandes conquistas, e posto em evidência a hediondez das represálias sanguinolentas exercidas contra o sacerdócio da liberdade.

Lisonjeado por um esplêndido acolhimento, e ainda mais pelo relativo sossego do seu espírito, aquilata o magnânimo príncipe a ingênita nobreza do povo que o hospeda, e ao qual ele vai outorgando a pouco e pouco privilégios e regalias, que transformam em metrópole da pátria nativa a vasta esperançosa colônia de seus avós.

III

Amainada porém a tempestade política, de que saíram vitoriosas as antigas monarquias, achou-se de novo a Europa a braços com o implacável fantasma das modernas liberdades; e o pequeno reino do ocidente, ao qual pela tradição e pelo costume tributávamos obediência de filho, mais que nunca subjugado pelo fascinador exemplo de outros reinos, que começavam a consagrar, bem que profundamente alteradas na prática, muitas das idéias fundamentais da Revolução Francesa, cujos sonoros ecos desde muitos anos repercutiam no Brasil com vibrações inefáveis.

Assustado diante de tão grandioso quanto ameaçador espetáculo, e sentindo abalada uma das mais fulgurantes gemas do diadema simbólico da tríplice soberania que gravava-lhe sobre a cabeça, mas vencido pela evidência dos acontecimentos e pela palavra dos seus melhores conselheiros, deixa o egrégio rei as plagas brasileiras, onde sussurravam os comícios em que se elaborava a idéia da emancipação nacional, já por vezes heroicamente apregoada e mais que duramente reprimida.

IV

Foi como se uma nova aurora resplandecesse no vasto horizonte da terra brasileira, libertada agora da ação inevitável de uma corte que perpetuava a um tempo as crenças absolutistas e a exclusiva influência européia, causas perenes do estiolamento nacional, e importuno obstáculo à expansão do gênio e do caráter original da nação infante.

Circunstâncias especiais continuaram ainda por algum tempo a obscurecer na mente dos brasileiros a verdadeira concepção da realidade, que uns julgavam dependente, outros desligada da sorte de Portugal. O braço de Deus havia porém amarrado o nosso país ao carro do progresso universal, e era necessário caminhar com ele.

Com efeito, a parte mais seleta da sociedade, ou pelo menos a mais propensa à idéia da autonomia nacional sob uma dinastia popular e simpática, fitava o olhar no augusto moço a quem o previdente monarca confiara a regência do Brasil, e o compelia a declarar independente a sua nova pátria.

Ele é que hesitava, porque à glória de fundar um grande império via ligada a dor de lacerar o reino de seu próprio país.

A eloqüência dos fatos era, entretanto, superior à vontade humana. A nação maior, mais pujante, mais esperançosa e mais rica não podia curvar-se aos decretos e ainda menos aos caprichos da menor, e mais dependente de alheias perturbações e mais pejada de preconceitos medievais, e mais fraca, finalmente, em todos os sentidos.

O cabo interoceânico que as unia estava gasto no ponto em que a decrepidez pretendia absorver a juventude. Para o quebrar bastaria o impulso desta.

O Brado do Ipiranga

Corria o ano de 1822 quando o príncipe D. Pedro, regente do Brasil, lembrando-se do bom resultado de sua recente viagem a Minas Gerais, resolveu ir a São Paulo para restabelecer a ordem pública, perturbada pelos sediciosos movimentos de 23 de maio e 19 de julho, deixando à sua virtuosa consorte a presidência dos Conselhos de Estado e de Ministros.

Levando consigo, como secretário itinerante, Luiz de Saldanha da Gama, depois de Taubaté, e acompanhado por sua Guarda de Honra e dos criados de sua casa, partiu da corte em 14 de agosto, e depois de expedir um decreto dissolvendo o Governo Provisório e ordenando que saíssem de São Paulo os principais autores da sedição, entrou solenemente na capital da província, cujos habitantes, formando-lhe alas e cortejo desde a Penha até a cidade, o receberam com esplêndida demonstração de regozijo.

Sua estada na pequena mas ilustre cidade foi assinalada com vários atos administrativos. Além de outras providências a bem da ordem pública, chamou D. Pedro à guarnição da capital os milicianos de Itu e de Sorocaba, os quais, pelo patriotismo de que haviam dado prova na emergência de 23 de maio, inspiravam-lhe plena confiança.

Restabelecida a ordem, dirigiu-se em 5 de setembro à praça de Santos, de onde voltou sobre os próprios passos na madrugada de 7, chegando pelas 4 horas da tarde ao alto da colina do Ipiranga, junto à qual desliza-se o riacho deste nome. Ali – talvez para melhor compor seu traje, mudar de montaria e conceder um momento de liberdade à Guarda de Honra[1] – ordenou que esta o precedesse, indo-o esperar às portas da cidade, que já pouco distava daquele lugar; ficando ele apenas acompanhado por alguns cavalheiros de seu séquito, entre os quais Joaquim Maria da Gama Freitas Berquó, João Carlota, João de Carvalho Raposo, Francisco Gomes da Silva e, provavelmente, o guarda-roupa João Maria da Gama Freitas Berquó, depois marquês de Cantagalo, o padre Melchior Pinheiro, o brigadeiro Manoel Rodrigues Jordão, e alguma outra pessoa atraída pela curiosidade ou pelo desejo de obsequiar o príncipe.

Havia a Guarda de Honra transposto a última assomada, em cujo pendor ocidental e à margem do ribeiro Ipiranga desmontou, defronte de uma casa camponesa, para descansar, refocilar-se, e esperar D. Pedro, quando este vê encaminharem-se-lhe, apressadamente, dois cavalheiros, que da cidade por onde passaram, vindos do Rio de Janeiro, corriam ao seu encontro. Eram o major Antonio Ramos Cordeiro, guarda de honra, e o oficial da secretaria do Supremo Tribunal Militar, Paulo Bregaro, ambos portadores de importantes despachos para lhe serem entregues.

Mal sabiam eles que levavam naqueles papéis o decreto da nossa emancipação política!

Os escritores dizem tão-somente que esses documentos consistiam em 4 decretos das cortes de Lisboa, acompanhados de uma severíssima carta de D. João VI, de outra da sereníssima princesa D. Leopoldina, e finalmente de um ofício de José Bonifácio; quando a grandeza e o imprevisto do fato subseqüente à entrega de tais papéis persuadem que encerravam igualmente um conselho decisivo do ilustre brasileiro, cuja importante entidade não podia deixar de influir poderosamente

1. Vide pp. 14-15.

em todas as revoluções transcendentes do moço regente.

Fosse porém como fosse, o que importa saber é que ficara por eles informado dos ilocáveis decretos das cortes de Lisboa, decretos que chamavam D. Pedro à Europa para viajar incógnito sob a tutela do seu antigo preceptor, e declaravam irritas e nulas as providências por ele tomadas em prol da nossa pátria, que os imprudentes e cegos legisladores portugueses pretendiam esbulhar de justos privilégios, e fazer retroceder às primitivas trevas coloniais.

Apenas os leu, como que concentrou-se D. Pedro num desses pensamentos cuja impetuosa evolução mal cabe no curto lapso de tempo que medeia entre dois instantes quase consecutivos da mesma impressão moral. Depois olhou para seus companheiros de viagem, e disse comovido: "Tantos sacrifícios pelo Brasil... e entretanto não cessam de cavar a nossa ruína!". Então expande a fisionomia, acende o brilho dos olhos, e, como se houvera descoberto o talismã da futura grandeza da sua pátria adotiva, puxa pela espada e grita resolutamente: "*Independência ou Morte!*".

Acompanhado pelos poucos que o cercam, animados de uma curiosidade mesclada de admiração, e porventura da inevitável perplexidade do espírito em tão solenes momentos, continua rápido na direção de sua Guarda de Honra, luzida esquadrilha de cavaleiros pela maior parte da magnífica milícia de São Paulo, à qual se haviam reunido diversas pessoas que ambicionavam acompanhar ou desejavam contemplar de perto o príncipe regente.

O guarda de honra Miguel de Godoy Moreira e Costa, que estava de sentinela à porta da casa rústica, vendo assomar D. Pedro no alto da colina, alerta os camaradas, "aos quais escasseia o tempo de montarem todos a cavalo", porque Sua Alteza Real, sofreando o animal que cavalgava, apressa-se em chamar pelo 1º comandante da sua guarda coronel Antonio Leite Pereira da Gama Lobo, e exclamar aos cavalheiros que o rodeiam, pondo-se em forma tanto quanto lhes permitiam a rapidez do fato e a impropriedade do terreno: "Meus senhores, as cortes de Portugal querem escravizar o Brasil; por isso cumpre declarar desde já a sua independência".

O Brado do Ipiranga

Dito isto tirou o chapéu armado e acrescentou: "Laços Fora!", referindo-se ao laço emblemático português que muitos dos soldados traziam ao braço esquerdo, e logo todos arrancaram e arrojaram para longe de si. "De hoje em diante traremos um laço verde e amarelo, e estas ficarão sendo as cores brasileiras." Depois, elevando a espada, bradou solenemente: "*Independência ou Morte!*" Grito sublime, que foi muitas vezes repetido e entusiasticamente saudado assim pelos guardas de honra, que com as espadas desembainhadas reproduziam o gesto marcial do Augusto Afirmador da nossa Independência, como por todos os circunstantes, eletrizados pela grandiosidade daquele tão importante quão inesperado acontecimento.

Dali, e sempre vitoriado como um triunfador, continuou D. Pedro a sua volta para a capital da província, onde chegou poucos minutos depois, e foi, pela primeira vez, à noite, no teatro, delirantemente aclamado soberano do novo Império Independente.

Eis o fato histórico.

A Pintura

O Brado do Ipiranga

É difícil, se não impossível, restaurar mentalmente, e revestir das aparências materiais do real, todas as particularidades de um acontecimento que passou-se há mais de meio século; principalmente quando não nos foi ele transmitido por contemporâneos hábeis na arte de observar e descrever.

A dificuldade cresce na proporção da necessidade que tem o artista – espécie de historiador peado pelas exigências da estética e pelas incertezas de tradição – de individual circunstâncias, de cuja veracidade se pode duvidar, e que nem sempre por serem reais merecem a atenção da história e a consagração do belo.

Um quadro histórico deve, como síntese, ser baseado na verdade e reproduzir as faces essenciais do fato, e, como análise, em um grande número de raciocínios derivados, a um tempo, da ponderação das circunstâncias verossímeis e prováveis, e do conhecimento das leis e das convenções da arte.

A realidade *inspira*, e não *escraviza* o pintor. Inspira-o naquilo que ela encerra digno de ser oferecido à contemplação pública, mas não o escraviza o quanto encobre, contrário aos desígnios da arte, os quais muitas vezes coincidem com os desígnios da história.

E se o historiador afasta dos seus quadros todos os incidentes perturbadores da clareza das suas lições e da magnitude dos seus fins, com muito mais razão o faz o artista, que procede dominado pela idéia da impressão estética que deverá produzir no espectador a sua obra.

Assim, por exemplo, dizendo-nos os companheiros de D. Pedro que Sua Alteza, no momento mais solene daquela tarde memorável, *montava um cavalo zaino tocado a escuro*, afirmando certa tradição popular que ele cavalgava então *um asno baio* (*uma besta gateada*, repete-se como coisa verídica em Pindamonhangaba), não há dúvida que o pintor, no interesse moral e artístico do seu trabalho, deverá preferir a primeira afirmativa, ainda mesmo quando as mais justas considerações, baseadas na importância do cavaleiro e na circunstância de sua próxima entrada na cidade, não se opusessem à verossimilhança da segunda.

Do mesmo modo, conhecendo pelas estampas e pelos retratos literários a nobre fisionomia do Fundador do Império, e sabendo que D. Pedro na tarde de 7 de setembro sofria de um incômodo gástrico que o obrigou a separar-se da sua Guarda de Honra, não deveria o artista alterar desfavoravelmente os traços do augusto moço naquele momento solene; porque se tal ocorrência foi com efeito real, e até mereceu a atenção do cronista, ela é indigna da história, contrária à intenção moral da pintura, e por conseqüência imerecedora da contemplação dos pósteros.

Dizendo-nos um distinto escritor paulista que a Guarda de Honra trajava no Ipiranga o pequeno uniforme, e sendo este demasiado modesto, e mesmo mesquinho para ser representado em um quadro de grande caráter, é permitido ao pintor vesti-la como aconselha o estudo dos costumes e da índole daquela época cerimoniosa e brilhante, e como aliás nos afirmam diversos coetâneos da Independência, entre os quais um distintíssimo pintor e escritor que esteve no Brasil desde 1816 até 1831, freqüentou a corte de dom João VI, do príncipe D. Pedro e do primeiro imperador, e publicou uma obra monumental a respeito do nosso país, naquela época, obra na qual os milicianos de Curitiba, ainda na caça da pantera, estão representados de elmo, dragonas de franja, e luvas à mosquiteira.

Uma prova de que o uniforme a que chamaríamos de gala foi mais geralmente que qualquer outro usado no Ipiranga, fornecem-nos os melhores narradores do fato, dizendo que os soldados da Guarda de Honra traziam o laço português no braço esquerdo. Ora, se vestissem farda ordinária, o laço estaria colocado no chapéu chato, então de rigor (Decretos de 1796 e 1821), e não no braço; o que nos conduz ao seguinte dilema: ou eles trajavam à paisana, o que é inverossímil, ou traziam o capacete dourado e, por conseqüência, a farda grande.

Mas quando mesmo se não conhecesse a história do vistoso uniforme, que trazido da Europa por ocasião das primeiras núpcias de D. Pedro, e adaptado pela cavalaria miliciana de S. Paulo e Minas

Gerais antes da Independência, tornou-se depois com poucas modificações o trajo oficial da Guarda de Honra do Imperador, numerosas considerações persuadiriam dos inconvenientes de fazer-se figurar a pequena farda (a qual provavelmente ainda não existia, como não existia a de arqueiros, e como nunca traziam na Europa as diversas guardas adstritas à pessoa do soberano) no acompanhamento de um príncipe que os contemporâneos representam eminentemente propenso às pompas do trono, mormente em dias festivos, quais os da curta demora de D. Pedro naquela província.

Sabendo o artista, que além dos 30 ou 40 guardas de honra, outras pessoas presenciaram o fato da proclamação da Independência, depois de comparar detidamente os diversos modos possíveis de dividir em grupos tantos cavaleiros, poderá, sem ofensa à verdade histórica e no interesse da euritmia, colocar no séquito imediato de D. Pedro duas ou mais figuras além das que resultassem do cálculo o mais acurado, ou da mais provável hipótese.

Exceto nessas circunstâncias acidentais, em que fui aconselhado e guiado pelo raciocínio, e em muitas figuras que não podem ser retratos, foi a pintura rigorosamente inspirada da realidade, tanto quanto se pode esta inferir do insuspeito testemunho de diversos presenciadores do fato, entre os quais o 1º comandante da Guarda de Honra coronel Antonio Leite Pereira da Gama Lobo, o 2º comandante capitão-mor Manoel Marcondes de Oliveira e Melo, depois barão de Pindamonhagaba, e o gentil-homem da Câmara Francisco de Castro Canto e Melo, então alferes do Exército; de venerandos anciãos de São Paulo, quais os Ex.mos Srs. barão de Ramalho e doutor Manoel José Chaves, que ainda se recordam daquela memorável tarde, e me narraram minuciosamente, em espécie este último, tudo quanto os impressionou; e finalmente de ilustrados historiógrafos e outros escritores, os quais, além de me ofertarem seus escritos especiais acerca do assunto, comunicaram-me, como os Ex.mos Srs. conselheiro desembargador Olegario Herculano de A. e Castro e doutor Paulo Antonio do Vale, os documentos originais em que se basearam.

O Brado do Ipiranga

Minucioso até o escrúpulo, fui duas vezes a São Paulo, depois de compulsar na Biblioteca Nacional, no Instituto Histórico e nas coleções particulares as obras nas quais alguma passagem me podia auxiliar; visitei a gloriosa colina do Ipiranga em companhia do Sr. barão de Ramalho, presidente da Comissão do Monumento que ali se está erigindo, sob cujos olhos desenhei de diversos pontos o sítio que serviu de cenário ao segundo e mais grandioso canto da rápida epopéia, assim como já dias antes, e acompanhado do arquiteto Dr. Tommazzo Bezzi e de diversos outros distintos diretores dos trabalhos do referido monumento, o havia feito em relação aos horizontes do lugar em que se passou o fato inicial, antes de reunir-se D. Pedro à guarda.

Buscando as pessoas que, pela idade ou pela ilustração, já em diversas cidades da província de São Paulo, já no Rio de Janeiro, podiam ilustrar-me, colhi muitas notícias difíceis de haver de outro modo, e até consegui obter fardas, capacetes e outros objetos da época, os quais, restaurados ou reproduzidos por hábeis artífices, me serviam de modelo na confecção do trabalho.

Com licença de distintas famílias copiei retratos de alguns dos companheiros de D. Pedro, anotando as minhas cópias com diversas observações de pessoas que intimamente conheceram os retratos. Nessa árdua tarefa fui várias vezes guiado pelo habilíssimo pincel de Mr. Brandier, cujas excelentes imagens, espalhadas pelas províncias de São Paulo e do Rio de Janeiro, atestam a um tempo o talento do pintor e o bom gosto dos que lhas encomendaram naquela época, em que o espírito dos brasileiros era em geral desatento às coisas da arte.

De poucos porém dos representados no quadro afiançarei a semelhança, visto que as pinturas que consegui copiar são quase todas de data posterior à Independência; e que em 1822 a maior parte dos servidores do Fundador do Império, relativamente moços, usavam, como ele, bigodes[2], que rasparam com o andar dos tempos, e mesmo, como o barão de Pindamonhangaba, imediatamente depois da abdicação do imperador.

E fora vã tentativa o querer conservar a semelhança de homens velhos e alquebrados em figuras que os representam quando eram moços, e trajavam como nos exércitos europeus, e tinham entusiasmo, e se apresentavam sob aspectos tão diversos dos que lhes atribuem as pacatas imagens feitas para o lar doméstico. Demais, nos quadros históricos, principalmente naqueles em que a ação geral domina a particular, a preocupação de retratar os atores desaparece diante da necessidade e da dificuldade de reduzi-los a elementos, não demasiado individuais, de uma mesma composição estética.

Ao Exmo Sr. barão Homem de Melo agradeço o favor de me ter apresentado a diversas pessoas importantes do interior, das quais colhi grande messe de informações luminosas, e alguns objetos de muito valor arqueológico, que fielmente reproduzi no painel.

Durante o tempo consagrado à execução deste, procurei na Europa reconfirmar as minhas idéias

2. Afirma-se que S. M. fazia questão disso; e outros fatos semelhantes tornam esse aceitável.

acerca do acontecimento que me inspirava; e posso lisonjear-me de ter encontrado esclarecimentos imprevistos, como por exemplo cartas e memoriais contendo particularidades de incontestável valor para a pintura.

Recebam os ilustrados Srs. prefeito comendador Chilovi e bibliotecário da Biblioteca Nacional de Florença barão Podestá; ministro e cônsul-geral do Brasil em Portugal barão de Carvalho Borges e Paulo Porto Alegre; conde Strumpfl zelador da Biblioteca Imperial de Viena; William Huant da Militar de Londres, e particularmente o Sr. Visconde de São Januário, ministro da Guerra de Portugal, os meus sinceros agradecimentos pelos favores que se serviram dispensar-me no intuito de facilitar as minhas laboriosas pesquisas.

Este último levou a bondade a ponto de mandar compor e imprimir, exclusivamente para mim, um trabalho especial de texto e desenho, trabalho que foi redigido e coordenado pelo ilustrado Sr. general Cláudio de Chaby, e no qual, além de uma excelente *coleção de figurinos militares portugueses destacados para o Brasil desde 1815 até 1823*, cuidadosamente desenhada e colorida pelo hábil Sr. capitão de cavalaria João Albino de Figueiredo Soares Serrão, e de algumas fotografias policromas de condecorações e medalhas da época, encontram-se preciosas indicações literárias acerca de particularidades de grande valor para a inteligência do assunto, considerado sob os seus aspectos materiais.

Esforcei-me por dar aos meus cavaleiros, além do porte especial dos homens daquele tempo, e em geral dos guardas de honra de D. Pedro (quase todos de estatura alta), um aspecto meio marcial e meio burguês, e um tanto amaneirado à européia; porque a minha tarefa não consistia em representar militares de linha, simples e naturais como nos parecem os nossos contemporâneos, mas briosos milicianos, alguns dos quais ricos proprietários, imbuídos na legenda napoleônica, que estava então em todos os lábios, desejosos de fazer bonita figura na corte do príncipe, porventura vestiam pela primeira vez o brilhante uniforme de gosto anglo-austríaco, que tornou-se o traje obrigatório da Guarda de Honra com o aparecimento do decreto de 1º de dezembro de 1822; decreto pelo qual essa guarda patriótica, e até então puramente cívica, foi convertida em corporação militar com atribuições definidas junto à pessoa do imperador, e preeminência entre todos os corpos do Exército.

Os pintores do começo deste século são concordes no prestarem a seus contemporâneos o aspecto apavonado e hirto, que ainda encontramos nos militares de alguns países da Europa, e de que no laboratório do artista poderia dar uma imperfeita idéia o manequim convenientemente vestido.

O Brado do Ipiranga

Cada época da história deixa a sua índole como que estampada no indivíduo. Do mesmo modo que as idéias religiosas da Idade Média imprimiam nos homens uma aparência monacal, os grandes sucessos bélicos imediatamente anteriores e ainda posteriores à nossa Independência davam ao cidadão gosto e lineamentos que tornam difícil distingui-los de verdadeiros milicianos incompletamente fardados. Eis por que não pude tolher à pintura o caráter militar que a afasta, talvez, do que devera ser como expressão de um acontecimento quase todo popular.

As fardas brancas estavam então em moda em todo o mundo civilizado, e eram tão comuns entre nós que até as adotaram certos corpos de polícia incumbidos de serviços baixos em que o uso delas era incômodo. Também não eram raras as de cor verde-gaio, que encontravam-se em todos os exércitos, inclusivamente no de Portugal.

A farda do príncipe regente foi tirada, quanto ao talhe, de uma estampa anterior à Independência, e quanto à cor me parece conforme ao Decreto de 19 de maio de 1806, que, com as alterações e ampliações determinadas em diversas disposições insertas nas sucessivas Ordens do dia, por muitos anos regulou objetos desta natureza.

A fisionomia e os lineamentos gerais do primeiro imperador são ainda suficientemente populares para dispensarem laboriosas indagações. Como porém era necessário remontar à época da Independência, sem a ultrapassar, e dos mais conhecidos retratos, das descrições verbais e literárias de D. Pedro I, coligir qual devia ser o seu aspecto quando ele estava na força da juventude, redobrei de atenção no exame das mais autênticas figuras, entre as quais muitas feitas em vida, do grande príncipe, e em particular duas que com especial recomendação se dignou de me mandar de Lisboa S. M. imperatriz viúva, quando em 1870 pintei para o Senado um retrato do seu imortal esposo.

Quanto à dupla cor do laço português, preferi a azul e escarlate à azul e branca, como o foi em Portugal desde 23 de agosto de 1821 até 18 de junho de 1823, e continuou a ser depois de 18 de outubro de 1830, mas como provavelmente nunca o foi no Rio de Janeiro e em São Paulo, onde a notícia do decreto das cortes de Lisboa, que mandava adaptá-la no Exército, chegou quase imediatamente depois e antecedeu apenas a de outros decretos que sobremaneira irritaram os ânimos, lançando a sociedade brasileira em uma declarada revolução contra o governo de Portugal.

Considerando assim a diversidade das raças eqüinas que podiam achar-se representadas no Ipiranga como as diferentes andaduras, os passos e a maneira particular de mover as patas de certos cavalos de sela, não me foi possível reduzir os meus cavalos a tipos bem determinados, nem imprimir-lhes meneios especiais apreciáveis.

Os raros escritores que se ocuparam com este objeto (De Landy, Scholl, Debret) consideravam de origem antes berbere do que árabe o cavalo comum da província de Minas Gerais, e de origem andaluza os de Campos e das planícies do Rio Grande do Sul, em geral fortes e rápidos. Nos confins do Paraguai encontrava-se, como hoje, o tipo espanhol, animal irrepreensivelmente proporcionado, porém difícil de se conservar durante mais de 4 a 6 anos no Rio de Janeiro. O preto e o alazão-queimado eram tidos pelos mais robustos, e aqueles que, com os baios, ou melados, ostentavam mais bonitas crinas e mais longa cauda, ornamentos indispensáveis em cavalos de luxo. Como ainda hoje, existia a variedade cruzada do *petiço*, animal de cabeça e tronco desproporcionados à curteza dos membros, e de passo desgracioso em conseqüência dessa conformação.

Não convinha, creio, representar na tela tão singular monstruosidade, que aliás passaria por um grosseiro erro de desenho.

Havia igualmente o caprichoso e árdego piquira, que torna ridículo qualquer cavaleiro de boa estatura, e pouco seguro o que não for provecto; e enfim alguns excelentes cavalos portugueses, que com as mulas e os quartãos dos sertões brasileiros completam os extremos dessa longa série de raças e variedades, das quais poucas eram bem caracterizadas, e cujos representantes atingiam tamanhos tão diversos.

Os tipos que melhor delineei foram tirados, exceto dos que estudei nas estrebarias do Sr. conselheiro Antonio Prado, das magníficas cavalariças da Sra. princesa de Demidoff, de S.M. o rei da Itália, e os condes de Certaldo, os quais se serviram de pôr à minha disposição diversos e soberbos animais de lançamento provenientes do Uruguai, do Rio Grande do Sul e do Paraná.

O Brado do Ipiranga

A casa diante da qual deu-se a mais bela cena da proclamação da Independência, e assim o terreiro adjacente e a quase estéril colina do Ipiranga, foram suficientemente estudados, e só modificados pela adição de umas árvores, aliás de pouco vulto, que os habitantes do lugar afirmam terem existido, ou por necessárias alterações nos pequenos acidentes do terreno, demasiado estreito e declive para servir de teatro a grandiosa ação sem algum inconveniente estético.

Para ver de frente o sujeito principal desta fui obrigado a volver as costas aos magníficos campos que rodeiam a capital, achando-me assim impossibilitado de contemplar a incomparável paisagem, e constrangido a representar o rude horizonte que me era imposto.

Ordinariamente a atmosfera em São Paulo é mais diáfana do que no Rio de Janeiro. De agosto em diante, porém, até fins de outubro, quer em conseqüência das contínuas queimadas, quer por efeito de outras causas, turva-se, torna-se opaca, revestindo à tarde as cores afogueadas de um enorme braseiro que fosse refletido nos vapores do espaço. Os fúlgidos fenômenos do acaso são ainda pouco aparentes às quatro horas da tarde, e só atingem a sua maior beleza pela volta das cinco e meia, momento em que o sol derrama no próprio leito o ouro, a púrpura e os brilhantes contidos nos seus inesgotáveis tesouros.

A opacidade do ar explica a indecisão da luz do sol batendo nos cavaleiros e no terreno.

Considerando a solenidade do assunto, procurei encerrar a minha paisagem em uma entoação modesta e sóbria, sem aspirar obter grandes efeitos de colorido que pudessem comprometer o resultado de uma composição na qual a natureza deve ter importância secundária.

Os trajes burgueses, além de terem sido em parte copiados de alguns autênticos, a muito custo obtidos por mim em São Paulo, parecem-me conformes ao tempo e à circunstância. O chapéu palmado do tempo do Diretório, e em geral o bicorne, as botas com ou sem salto, as cores vivas e as roupas variegadas davam às assembléias um aspecto excêntrico; ao passo que a elegância e a regularidade do vestuário deviam sofrer grandes insultos com o aparecimento de peças antiquadas de que, como ainda hoje acontece, muitos se adornavam para atestarem longos serviços, ou se apresentarem dignamente diante de semelhantes personagens.

Pessoas conspícuas sugeriram-me a idéia de pintar no fundo do painel algumas das tropas de asnos características do sertão de São Paulo. Julguei ousadia fazê-lo em pintura de tão alto assunto; e apenas represento um carro de bois, ainda mais característico do lugar, para lembrar a placidez habitual daquelas paragens, inesperado teatro da extraordinária cena.

Conquanto obrigadas em parte a avultadas dimensões por ocuparem o primeiro plano do quadro, as figuras situadas à esquerda do espectador são meros acessórios, que procurei estudar no próprio cenário da proclamação da Independência, tanto para acentuar a fisionomia deste, quanto para completar a harmonia linear da composição, atendendo às exigências da euritmia.

Para satisfazer o geral desejo de ver representado o célebre riacho do Ipiranga – o qual na realidade passaria à distância de alguns metros atrás de quem observa o painel –, forcei a perspectiva pintando um simulacro de corrente aos pés dos cavaleiros do primeiro plano. Desculpe-me o público essa quase insignificante violência à topografia, considerando a necessidade de consagrar na pintura a idéia do ribeiro cujo nome tão intimamente ligou-se ao glorioso fato da nossa emancipação política.

Fora supérfluo tocar em outros pontos, quer relativamente à tradição, quer à estética; explicar, por exemplo, que tal cavaleiro, em conseqüência do zambro das pernas ou do sistema especial de cavalgar, não podia colocar os pés na direção indicada teoricamente pela arte da equitação; que nem todos podiam ostentar no quadro quer a mesma frieza, quer o mesmo entusiasmo etc.: o que vai dito convencerá o leitor da minuciosidade das pesquisas, da sinceridade do método, e da grande probidade de que carece o pintor de história para não desfigurar, e antes restaurar com a linguagem da arte um acontecimento que ele não presenciou, e todos desejam contemplar revestido dos esplendores da imortalidade.

Finalmente, comparando as tradições, as crônicas, as passagens históricas, os ditos e presunções individuais, os testemunhos artísticos e as diferentes opiniões acerca do sucesso "que fez estremecerem de júbilo as margens do Ipiranga", consegui compor a fraca obra que agora submeto ao benévolo juízo das pessoas ilustradas do meu país; certo de que, se não acertei, ao menos esforcei-me por ser sincero reprodutor das faces essenciais do fato, sem esquecer totalmente as difíceis e severas lições da ciência do belo.

Florença, 31 de janeiro de 1888

INAUGURAÇÃO SOLEMNE

DA EXPOSIÇÃO DO QUADRO COMMEMORATIVO

DA

PROCLAMAÇÃO DA INDEPENDENCIA DO BRASIL

em presença de

Suas Magestades e Altezas Imperiaes e Reaes

O IMPERADOR E A IMPERATRIZ DO BRASIL

A RAINHA DA SERBIA

A RAINHA DA INGLATERRA E IMPERATRIZ DAS INDIAS

O PRINCIPE D. PEDRO — A PRINCEZA BEATRIZ

E O DUQUE DE LEUCHTENBERG

Das principaes auctoridades civis e militares presentes em Florença

de muitos principes titulares

e finalmente de

numeroso e illustrado auditorio

Na Academia Real das Bellas Artes de Florença

no dia 8 de Abril de 1888

A Solenidade

O Brado do Ipiranga

“Poucos minutos depois das duas horas da tarde chegaram à Academia Real das Belas-Artes Suas Majestades o Imperador e a Imperatriz do Brasil, acompanhados de Sua Alteza o Senhor D. Pedro Augusto de Saxe Coburgo Gotha, dos Ex.mos Srs. Visconde de Nioac, de Carapebus e da Motta-Maia, da Ex.ma Sr.a Viscondessa de Carapebus e de outras pessoas do séquito imperial; sendo recebidos à entrada do edifício pelos Srs. Prefeito da Província Senador Gadda, Presidente da Câmara Municipal Marques Torrigiani, Diretor do Instituto Real das Belas-Artes Marques Ginori, Presidente da Academia Real das Belas-Artes Comendador Francolini acompanhado por todo o Corpo Acadêmico, General Comandante das Armas da Província, Questor da Cidade, Presidente da Universidade e Diretor do Instituto Real dos Estudos Superiores, Senador Alfieri, Príncipe Thomaz Corsini, Príncipe Pandolfini de S. Dino, Príncipe Strozzi, Príncipe de Scilla, Senador Mantegazza, Presidente do Tribunal Superior de Justiça, Marquês Alli-Maccarani, Duque de Dino, Marquês de Laiatico, Deputado Peruzzi, Mestre de Cerimônias de S.M. o Rei Humberto, Comendador Simão Peruzzi, Marquês Lottaringo della Stufa, Gentil-Homem de S.M. a Rainha da Itália, Conde Angelo De Gubernatis, Comendadores Rossi e Salvini, e outras notabilidades da política, da ciência e das letras.

“Haviam Suas Majestades atravessado as vastas

galerias, ricamente adornadas de flores e tapeçarias mandadas pela Câmara Municipal, galerias que conduziam ao salão em que se achava o quadro, e apenas dirigiam ao Dr. Pedro Américo algumas palavras relativas à pintura e à solenidade, quando entra S.M. a Rainha da Sérvia, acompanhada das senhoras Princesa Wanda Carolath, Princesa Eleonora de Palazzolo, Princesa Sofia de Trabia, Princesa Ribeaupierre Troubeskoy, Princesa Antonietta Strozzi, Princesa Carlotta Ruspoli, Duquesas Ida de Talleyrand, de Dino, de Brindisi, Marquesas Panciatichi, Maccarani, Ginori, Della-Stufa, Bargagli, Condessas de Gubernatis, de Montauto, Della Gherardesca, e de muitas outras damas notáveis da aristocracia, então presentes em Florença.

"Vendo Sua Majestade o Imperador que o vastíssimo salão estava cheio de gente, e assim as salas e galerias adjacentes, e que não chegava S.M. a Rainha da Inglaterra, deu a palavra ao artista, ao qual havia pedido que lhe dirigisse uma fala em português, a fim de que pudesse o auditório apreciar a harmonia dessa língua.

"O Dr. Pedro Américo começou por agradecer, em francês, tanto aos Augustos Soberanos Brasileiros quanto a S.M. a Rainha da Sérvia e aos mais príncipes estrangeiros ali presentes, a honra que lhe faziam assistindo a inauguração da exposição do seu painel; pedindo-lhes vênia para dirigir-se em português ao Imperador do Brasil. Proferiu então um pequeno discurso na nossa língua, lembrando com saudade a grande Pátria brasileira, a quem o artista dedicara os seus principais trabalhos, e agradecendo a honra que recebia e que tão bem ecoava no clássico país das belas-artes.

"Finda a locução em português, dirigiu outra em francês a S.M. a Rainha da Sérvia, que agradeceu afavelmente respondendo com bondosos cumprimentos ao orador, o qual terminou o seu discurso agradecendo em italiano aos príncipes nacionais, ao Corpo Acadêmico, às autoridades do país, e às ilustrações científicas, literárias, políticas e artísticas ali reunidas, à hospitalidade de que eram objeto, tanto ele, artista brasileiro, como os nossos Soberanos, que continuavam, e assim a Rainha da Sérvia, a ser alvo de tantas manifestações de respeito da parte do povo florentino.

"Terminada a oração foi o artista cumprimentado por todos os circunstantes, que com ele se congratularam pelo esplendor daquela festa e pelo êxito da obra exposta; principalmente S.M. o Imperador, que externou a todos a sua alta satisfação pelo mérito da pintura, cujo aspecto pareceu-lhe corresponder escrupulosamente ao fato histórico da Proclamação da Independência política do Brasil.

“Com o mesmo cerimonial da entrada foram os Augustos viajantes conduzidos a saída da Academia, dando S. M. o Imperador o braço à S. M. a Imperatriz, o Presidente da Câmara Municipal Marquês Torrigiani à S. M. a Rainha da Sérvia, o Prefeito da Província Senador Gadda à Exma Senhora D. Carlota de Figueiredo, esposa do Dr. Pedro Américo, o Cônsul Geral do Brasil em Gênova Comendador Rodrigues Martins à Exma Senhora Baronesa de Santo Angelo; seguindo-se finalmente os principais titulares e mais notabilidades, depois das quais diversos comandantes superiores do Exército, os Carabineiros reais e a Guarda Municipal em grande uniforme.

“Já S.S.M.M. haviam deixado o peristilo do edifício, e algumas autoridades se retiravam, quando chega S.M. a Rainha da Inglaterra e Imperatriz das Índias, acompanhada de S.A.R. a Princesa Beatriz de Battenberg, das suas damas de honra, do General Ponsomby, Secretário particular de S.M., do Embaixador inglês Sir Lumley, e de diversos outros grandes do Reino, assim como de dois altos dignitários do Império das Índias, que acompanham a Augusta Senhora.

“O Dr. Pedro Américo, depois de ser graciosamente cumprimentado duas vezes pela Rainha Victoria, agradeceu-lhe a honra que recebia, explicando-lhe em seguida o fato histórico e sua interpretação artística; sendo de novo cumprimentado por S.M., que terminou a sua visita acrescentando-lhe que ele se podia ufanar de ter podido concluir aquela página de pintura histórica”[3].

Além dessas manifestações de apreço tem o artista recebido outras igualmente significativas, e os mais efusivos encômios das pessoas competentes do país, as quais confessam jamais terem presenciado na antiga capital da Itália e das belas-artes uma festa artística como aquela.

O Brado do Ipiranga

Alguns dias depois da inauguração da exposição do painel, foi este visitado por S.A. o príncipe herdeiro da Sérvia, por S.S.M.M. o rei e a rainha de Württemberg, e finalmente pelo rei Oscar II da Suécia, todos acompanhados dos seus camaristas e mais pessoas de séquito.

3. Da *Estampa Italiana*.

O Brado do Ipiranga

Alocuções do Dr. Pedro Américo na Referida Inauguração A Suas Majestades e Altezas Imperiais e Reais Presentes à Solenidade

Majestés et Altesses Impériales et Royales!

Comme artiste, comme Membre de cette Académie, je sens le devoir de remercier de l'honneur qui ont bien voulu me faire Vos Majestés et Altesses Impériales et Royales en venant ouvrir personnellement l'exposition de mon faible ouvrage. Acceptez donc, Majestés et Altesses Impériales et Royales, avec l'expression de ma vive gratitude, les remerciements de l'Académie des Beaux-Arts de Florence, et en général des ouvriers du beau, que Vous daignez honorer d'une manière aussi remarquable. Mais puisque je dois m'adresser plus particulièrement à l'auguste Souverain de mon pays, permettez-moi que je lui paye en portugais, la langue éclatante et passionnée du Camões, de Vieira, Gonçalves Dias et Porto-Alegre, ce tribut de la plus durable reconnaissance.

A Sua Majestade o Imperador do Brasil

Imperial senhor!

Na língua em que Vossa Majestade há quase meio século exprime os Seus magnânimos pensamentos, e exibe os inesgotáveis tesouros de um coração de protetor e amigo para todo o brasileiro amante da sua pátria; nessa rica e pomposa linguagem dos sentidos poemas da nossa terra, mais opulentos de sinceridade do que de falsa eloqüência, permiti que, sem afetação nem constrangimento, eu agradeça a Vossa Majestade Imperial a honra que se dignou de me fazer vindo pessoalmente, e na augusta companhia de S.M. a imperatriz e de S.A. o Sr. D. Pedro, abrir a exposição do modesto trabalho com que acabo, bem que atormentado por moléstia cruel, de dar nova prova do meu patriotismo.

Bem sei, senhor, que não é digna do alto assunto histórico, nem da contemplação de Vossa Majestade, a tela que ouso expor aos descendentes ou compatriotas de Rafael, Leonardo da Vinci e Michelangelo; se, porém, é certo que o trabalho nobilita o cidadão, eu me sinto altamente honrado de ter concluído uma página destinada a comemorar um dos mais gloriosos feitos do Augusto Progenitor de Vossa Majestade, e ao mesmo tempo o primeiro sopro de vida da nossa saudosa pátria como nação livre e independente.

A Sua Majestade a Rainha da Sérvia

A Votre Majesté, Madame la Reine de Serbie, dont l'auguste présence en cette ville des fleurs a quelque chose du rayonnement d'un lys éclatant dans sa douce atmosphère native, je dois remercier de l'honneur que Votre Majesté a daigné de faire à l'art, dont je suis un faible représentant, et à l'illustre Institution à laquelle sont confiés l'enseignement du beau et les hautes traditions de la glorieuse école florentine.

A Sua Majestade a Rainha da Inglaterra

A Votre Majesté, Madame la Reine d'Angleterre et d'Irlande et Impératrice des Indes Britanniques, que puis-je dire en signe de respectueux hommage que Votre Majesté Royale et Impériale n'aie mille fois entendu en sa chère et grande Patrie? Que dois-je dire pour manifester à Votre Majesté toute ma reconnaissance, et les sentiments ineffables qui fait naître en tout artiste de coeur l'Auguste présence de Votre Majesté en ce temple de l'art?

Que je me contente, donc, de présenter à Votre Majesté Impériale et Royale, ainsi qu'à Son Altesse Royale Madame la Princesse de Battenberg, nos respectueux hommages, et l'expression de la plus profonde gratitude pour l'honneur que Votre Majesté a bien voulu faire soit au modeste artiste brésilien, soit à l'Académie des Beaux-Arts de cette ville de hautes traditions artistiques.

Aos Srs. Diretor do Instituto, Presidente da Real Academia das Belas-artes e mais Membros do Corpo Acadêmico

Onorevole Signor Direttore del Reggio Istituto, e Signor Presidente della Reggia Accademia di Firenze.

Non posso fare a meno di manifestare alle Signorie Loro la mia viva gratitudine per l'accoglienza fatta all'oscuro artista americano, e principalmente per i favori coi quali in speciale modo Loro hanno ospitato la di lui modestissima opera.

Comme Brasiliano, poi mi è grato esprimere la mia sincera riconoscenza per la maniera con la quale le Signorie Vostre Illustrissime, ed i chiarissimi miei colleghi componenti il Corpo Accademico, nonché le Autorità di questa gentile ed ospitaliera città, hanno voluto accogliere in questo momento uno dei più grandi e dei più illuminati Protettori delle arti di tutti i tempi, Sua Maestà l'Imperatore del Brasile.

In nome di Sua Maestà, è aperta l'esposizione!

O Brado do Ipiranga

Pedro Américo
Traços Biográficos

O Brado do Ipiranga

"La biographie de P. Américo a été imprimée en plusieurs langues. Elle est trop remplie de faits intéressants pour qu'on puisse la résumer en quelques lignes. Qu'il nous soit permis de transcrire ici ce que vient de publier Mr. le Comte A. de Gubernatis dans son magnifique *Dictionnaire des écrivains du jour:*"

"Américo (Pedro de Figueiredo), peintre et écrivain brésilien, demeurant actuellement à Florence, docteur ès-sciences naturelles et en philosophie, professeur agrégé de l'Université de Bruxelles, professeur d'histoire, d'esthétique et d'archéologie à l'Académie de Rio de Janeiro, membre de plusieurs académies, grand dignitaire de l'ordre de la Rose, etc. est né en 1843, à Areas, au Brésil. Il fit ses premières études à Rio, et il les continua à la Sorbonne et à l'Académie des Beaux-Arts de Paris, où il fit son premier tableau et imprima son premier livre *Sur l'Art dans l'Antiquité* De retour à Rio, il inaugura son cours d'histoire, d'esthétique et d'archéologie à l'École des Beaux-Arts en présence de l'Empereur, et il peignit son grand tableau de la *Bataille de Campo Grande*, puis il revint en Europe, et il fut reçu docteur et professeur agrégé à l'Université de Bruxelles sur la présentation d'une thèse: *Sur l'enseignement libre des sciences.* Après un nouveau séjour au Brésil, il se rendit à Florence pour y peindre la *Bataille d'Avahy,* toile des plus grandes qui existent, et il y fit imprimer ses romans: *L' Olocausto,* 1882;

L' Amor d'Esposo, 1886; et plusieurs brochures. Actuellement, il peint une grande toile qui représente la *Proclamation de l'indépendance brésilienne.*

En 1869, il avait épousé D. Carlota, la fille du baron de Saint-Ange, l'un des plus grands poètes de l'Amérique du Sud. Le portrait d'Américo se trouve parmi ceux des peintres célèbres à la Galerie des Uffizi à Florence. Parmi ses publications, nous signalons encore: *Mémoire sur la conjugaison du spyrogyra quinina*, 1869; *Hypothèse sur la cause du phénomène appelé: lumière zodiacale*, 1869; *Confutation de la Vie de Jésus par Ern. Renan*, 1869; *Discours Prononcés à l'Académie des Beaux-Arts à Rio*, 1822."

"A ce résumé nous ajouterons seulement qu'il serait impossible de donner une idée du nombre extraordinaire de publications de toute sorte (gros volumes, mémoires, brochures, plus de deux mille journaux, etc.) dans lesquelles on peut lire, soit l'éloge de l'artiste et du savant, soit l'exposé et l'apréciation de ses productions scientifiques, artistiques et littéraires."

1. Homem a Cavalo – Estudo
Desenho, lápis crayon s/ papel
41 x 21,5 cm, c. 1886
Acervo do Museu Paulista – USP
Códice: IC 15208

2. Cavalo Árabe – Estudo
Desenho, lápis crayon s/ papel
26,6 x 39,5 cm, c. 1886
Acervo do Museu Paulista – USP
Códice: IC 15200

3. Cabul – Cavalo Inglês – Estudo
Desenho, lápis crayon s/ papel
22,4 x 14,5 cm, c. 1886
Acervo do Museu Paulista – USP
Códice: IC 15207

4. Cavalo do Rio Grande do Sul
Desenho, lápis crayon s/ cartão
21 x 13,5 cm, 1886
Acervo da Pinacoteca do Estado de São Paulo
Tombo: 0931

5. "Sílfide" – Estudo

Desenho, lápis crayon s/ papel
13,9 x 21,9 cm, 1886
Acervo do Museu Paulista – USP
Códice: IC 15203

6. Cavalo do Rio Grande do Sul – Estudo

Desenho, lápis crayon s/ papel
12,8 x 20,5 cm, 1886
Acervo do Museu Paulista – USP
Códice: IC 15199

7. Homem a Cavalo – Estudo
Desenho, lápis crayon s/ papel
40 x 27 cm, 1887
Acervo do Museu Paulista – USP
Códice: IC 15209

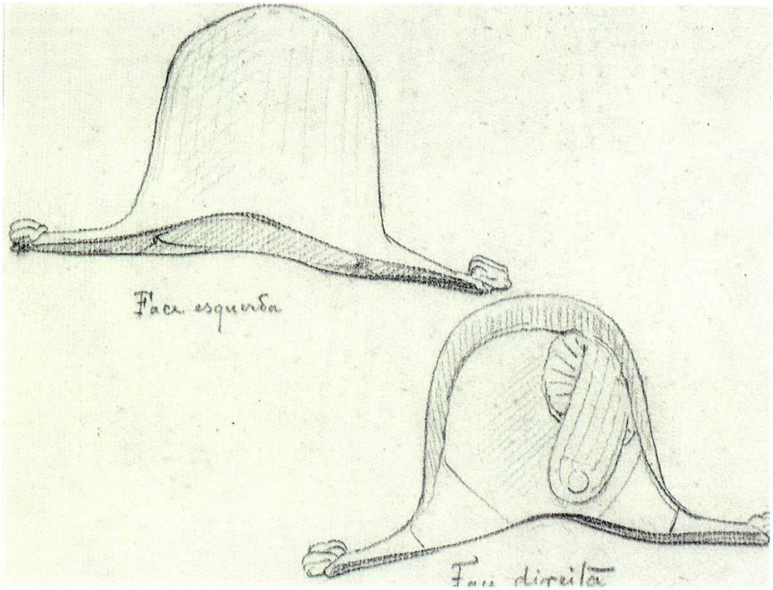

8. Dois Estudos de Capacetes
Desenho, lápis crayon s/ papel
15,5 x 22 cm, 1887
Acervo da Pinacoteca do Estado de São Paulo
Tombo: 0932

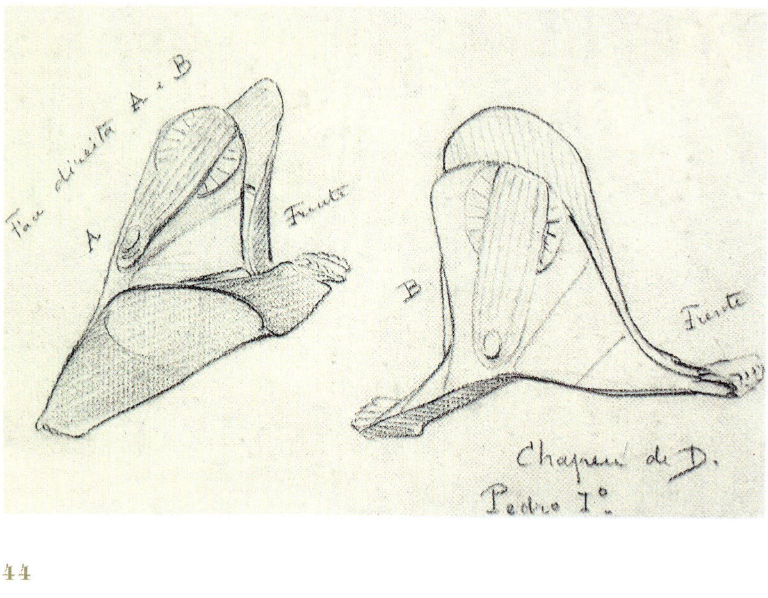

9. Chapéu de D. Pedro I – Estudo
Desenho, lápis crayon s/ papel
14,2 x 22,2 cm, 1887
Acervo do Museu Paulista – USP
Códice: IC 15202

11. Capacetes – Estudo
Desenho, lápis crayon s/ papel
36,4 x 27,8 cm, 1887
Acervo do Museu Paulista – USP
Códice: IC 15211

10. Estudo de Cavaleiro
Desenho, lápis crayon s/ papel
26,9 x 20 cm, 1887
Acervo da Pinacoteca do Estado de São Paulo
Tombo: 0930

12. ESTUDO DE CAVALEIRO
Desenho, lápis crayon s/ cartão
27,4 x 17,5 cm, 1887
Acervo da Pinacoteca do Estado de São Paulo
Tombo: 0929

13. ESTUDO DE CAVALEIRO
Desenho, lápis crayon s/ cartão
38 x 22,5 cm, 1887
Acervo da Pinacoteca do Estado de São Paulo
Tombo: 0933

14. Homem a Cavalo – Estudo
Desenho, lápis crayon s/ papel
37 x 26 cm, c. 1887
Acervo do Museu Paulista – USP
Códice: IC 15210

15. Homem a Cavalo – Estudo

Desenho, lápis crayon s/ papel
37 x 26 cm, 1887
Acervo do Museu Paulista – USP
Códice: IC 15205

16. Homem e Chapéus – Estudo

Desenho, lápis crayon s/ papel
37 x 26 cm, c. 1887
Acervo do Museu Paulista – USP
Códice: IC 15206

17. Homem a Cavalo – Estudo
Desenho, lápis crayon s/ papel
37 x 26 cm, c. 1887
Acervo do Museu Paulista – USP
Códice: IC 15210

18. Homem a Cavalo – Estudo
Desenho, lápis crayon s/ papel
41,4 x 24,2 cm, 1887
Acervo do Museu Paulista – USP
Códice: IC 15212

19. Mãos – Estudo
Desenho, lápis crayon s/ papel
37 x 26 cm, c. 1887
Acervo do Museu Paulista – USP
Códice: IC 15204

20. Busto
Desenho, lápis crayon s/ papel, s/d.
Acervo da Pinacoteca do Estado de São Paulo
Tombo: 1187

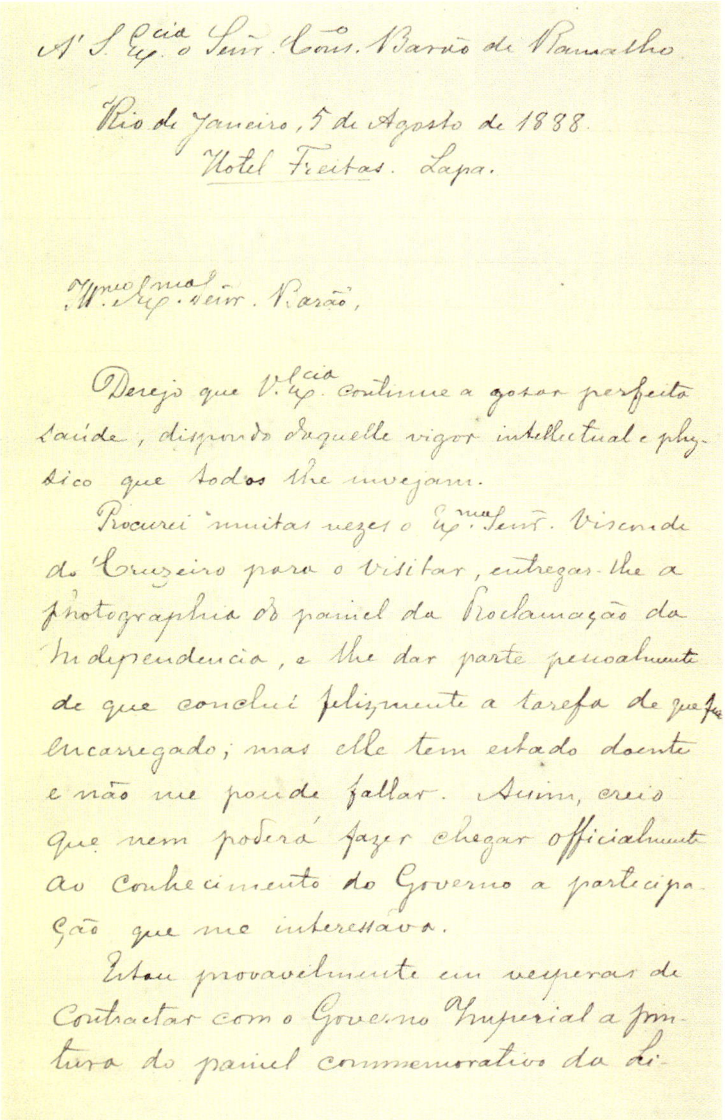

A S. Excia o Senr. Cons. Barão de Ramalho

Rio de Janeiro, 5 de Agosto de 1888.
Hotel Freitas. Lapa.

Illmo Exmo Senr. Barão,

Desejo que V. Excia continue a gozar perfeita saúde, dispondo daquelle vigor intellectual e physico que todos lhe invejam.

Procurei muitas vezes o Exmo Senr. Visconde do Cruzeiro para o visitar, entregar-lhe a photographia do painel da Proclamação da Independencia, e lhe dar parte pessoalmente de que conclui felizmente a tarefa de que fui encarregado; mas elle tem estado doente e não me poude fallar. Assim, creio que nem poderá fazer chegar officialmente ao conhecimento do Governo a participação que me interessava.

Estou provavelmente em vesperas de contractar com o Governo Imperial a pintura do painel commemorativo da Li-

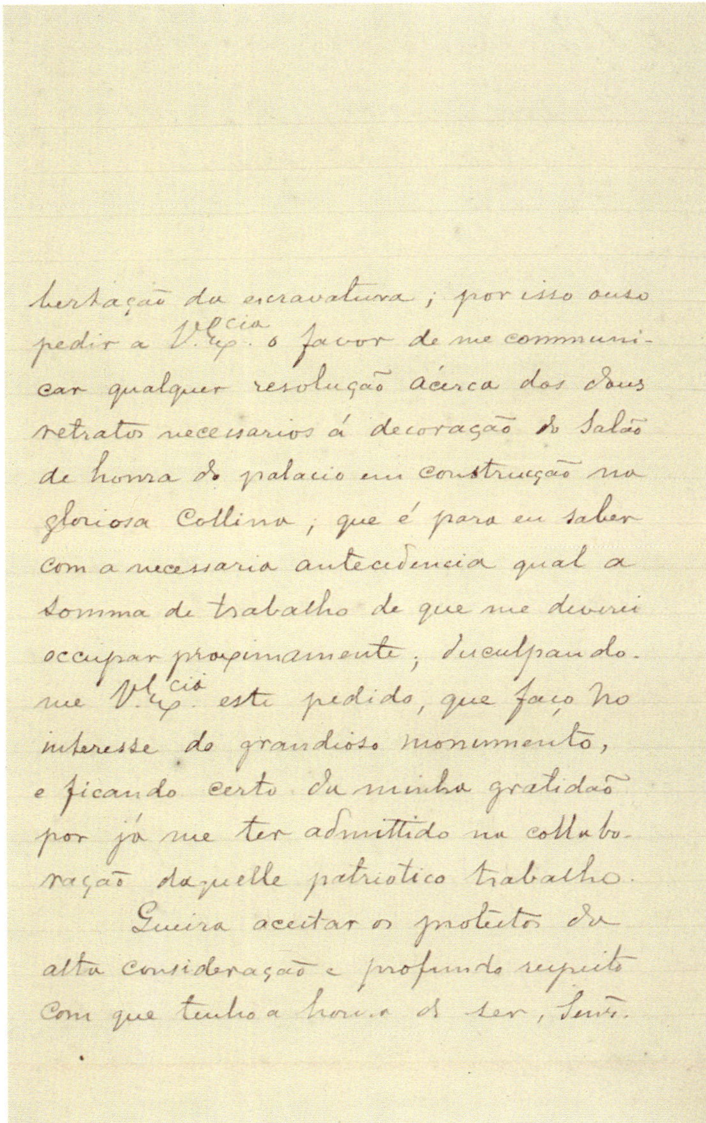
bertação da escravatura; por isso ouso
pedir a V. Ex.cia o favor de me communi-
car qualquer resolução ácerca dos dous
retratos necessarios á decoração do Salão
de honra do palacio em construcção na
gloriosa Collina; que é para eu saber
com a necessaria antecedencia qual a
somma de trabalho de que me deverei
occupar proximamente; desculpando-
me V. Ex.cia este pedido, que faço no
interesse do grandioso monumento,
e ficando certo da minha gratidão
por já me ter admittido na collabo-
ração daquelle patriotico trabalho.

Queira aceitar os protestos da
alta consideração e profundo respeito
com que tenho a honra de ser, Senr.

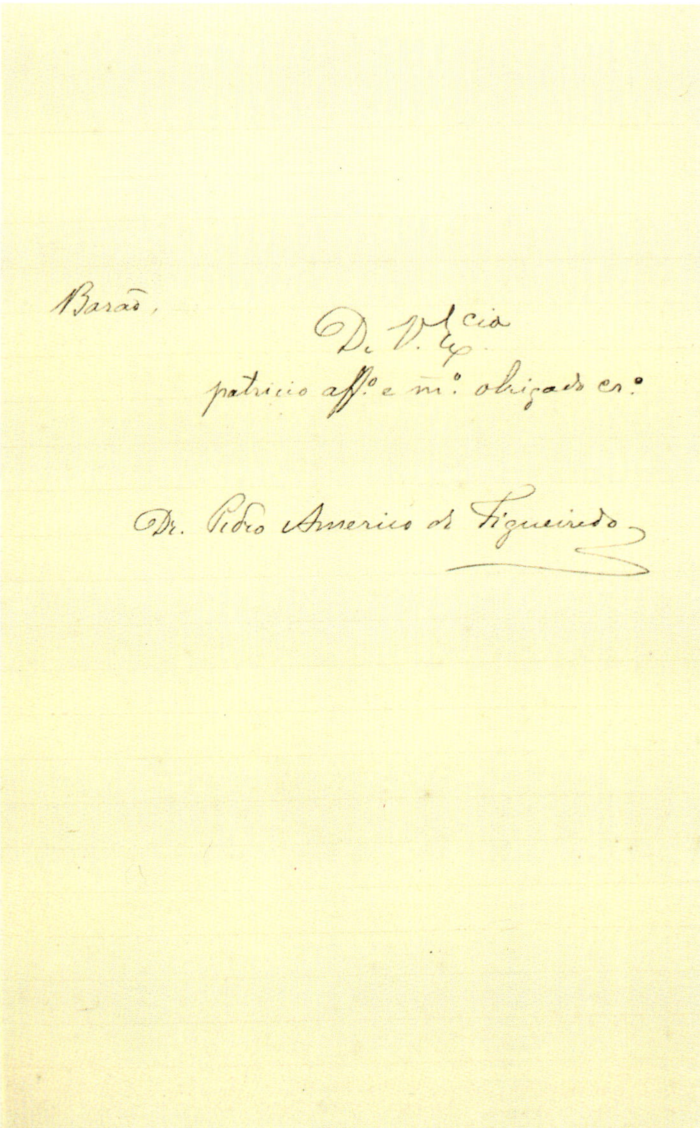

Barão,

De V. Ex.cia
patricio aff.o e m.to obrigado cr.o

Dr. Pedro Americo de Figueiredo

Rio de Janeiro, 30 de Agosto de 1888.
Hotel Freitas - Lapa.

Illmo. e Exmo. Snr. Cons. Barão de Ramalho,

Tenciono partir no dia 10 de Setembro pf. para o Norte do Paiz, e d'ali para Florença, onde vou compor, para o Governo Imperial, o grande quadro da Libertação. Peço, pois, a V. Excia. se digne de mandar-me Suas ordens, ou para aqui antes do dia 10 de Setembro, ou para Florença* dessa data em diante.

Como a inauguração do palacio do Ypiranga não se verificará (segundo creio) antes de 7 de Setembro do anno que vem, seria bom encarregar o Snr.

* Florença - via di Mezzo nº 4 - 2º p.

engenheiro Dr. Thomaz Bezzi de man-
dar, ao menos uma ou duas vezes
antes da inauguração do Monu-
mento, desenrolar a tela e tornar
a enrolar, afim de obitar a adhe-
rencia da pintura, o que poderia
dar-se estando o painel comprimi-
do durante tantos mezes.

A Commissão Brasileira
na futura Exposição Universal de
Pariz deseja expor em 1889, naquel-
la Capital, o referido painel, e em

muito folgaria se elle conseguisse fa-
zel-o, contanto que não deixe elle
de figurar no Ypiranga no dia em
que for o monumento inaugurado.

Aguardando as Ordens de V. Ex.cia,
agradeço-lhe a sua ultima carta,
a communicação official com que me
honrou dirigida ao Ex.mo Senr. Visconde
do Cruzeiro; e com a mais subida
consideração tenho a honra de ser

De V. Ex.cia
patricio, am.o aff.o obrig.mo cr.do

Dr. Pedro Americo de Figueiredo e Mello

Cecilia Helena de Salles Oliveira

Nos Bastidores da Cena

O Brado do Ipiranga: Apontamentos sobre a Obra de Pedro Américo e a Configuração da Memória da Independência

O painel *Independência ou Morte!*, elaborado em Florença por Pedro Américo de Figueiredo e Melo, entre 1886 e 1888, constitui, sem sombra de dúvida, a representação iconográfica mais divulgada do episódio de 7 de setembro de 1822[1]. Apropriada, de forma sistemática, para ilustrar manuais escolares e obras de cunho histórico e historiográfico, encontra-se estampada em selos, moedas, medalhas comemorativas, cartões-postais, porcelanas, propagandas e em inúmeros outros suportes, além de ter servido de inspiração para caricaturas e produções cinematográficas[2].

Durante o século XIX, diversos artistas, por meio de pinturas e gravuras, procuraram retratar o episódio e seu principal protagonista[3], ressaltando-se, também, o conjunto escultural, inaugurado

1. Acervo do Museu Paulista da Universidade de São Paulo.Óleo sobre tela, 7,60 x 4,15 m.

2. O Museu Paulista conserva muitas dessas peças entre as quais se encontram, por exemplo, medalhas em bronze dourado e alumínio, produzidas especialmente para o centenário da Independência, e uma salva em prata, de origem portuguesa, datada de 1934. Referências às caricaturas podem ser encontradas na obra de Álvaro Cotrim, *Pedro Américo e a Caricatura*, Rio de Janeiro, Pinakotheke, 1983. Em relação ao cinema, refiro-me especialmente a *Independência ou Morte*, exibido em 1972. Estrelado por Tarcísio Meira e Glória Menezes, o filme foi produzido por Oswaldo Massaini e dirigido por Carlos Coimbra e desde 1990 encontra-se disponível em vídeo.

3. Refiro-me, particularmente, ao óleo sobre tela elaborado, em 1844, por François-René Moreaux e que integra o acervo do Museu Imperial de Petrópolis. Encontra-se reproduzida na obra de Stanislaw Herstal, *D. Pedro: Estudo Iconográfico*, São Paulo/Lisboa, MEC/Casa da Moeda de Lisboa, 1972, vol. 1, p. 194. Na mesma obra (vol. 1, pp. 198 e 200) podem ser encontradas, também, outras idealizações do "grito" de 7 de setembro, especialmente uma curiosa litografia anônima, provavelmente da década de 1860, na qual uma das figuras centrais da cena é um índio, e uma xilogravura produzida por Harzal, na década de 1870 que, segundo Herstal, teria se inspirado em um esboço de Pedro Américo.

em 1862, sob o patrocínio do governo imperial e da Câmara municipal do Rio de Janeiro para rememorar o aniversário da Constituição de 1824 e os quarenta anos da data de 7 de setembro[4]. No entanto, foi a criação de Pedro Américo, talvez por força de sua difusão sob diferentes formatos e nuanças, a que mais profundamente enraizou-se no imaginário social, tornando-se parte integrante de nossas heranças culturais tanto quanto o episódio que procurou perpetuar.

Na década de 1920 já se observava a repercussão "popular" adquirida pelo painel. Ao menos era essa a opinião de Afonso de Escragnolle Taunay, diretor do Museu Paulista, naquela ocasião, e membro da Comissão organizada pelo governo do Estado para julgar e escolher, entre vários candidatos, o projeto de monumento a ser construído em São Paulo para comemorar o centenário da Independência. Quando declinou seu voto a favor da proposta escultórica apresentada por Ettore Ximenes – e que foi a vencedora – Taunay justificou-se da seguinte maneira:

"...O projeto que, a meu ver, indiscutivelmente sobressai em intensidade de evocação nacional, com o valor que dela se requer, é o do Sr. Ettore Ximenes. Sua lembrança de transportar para a escultura a idealização do quadro de Pedro Américo parece-me um achado absolutamente feliz, sobretudo pelo fato de ter o seu alto-relevo as dimensões em que o concebeu e a maestria com que o executou. Popular como é – e merece sê-lo – a grande e bela tela de nosso ilustre artista, não haverá brasileiro algum que de longe deixe de reconhecer no monumento, que o projeto Ximenes idealiza, uma representação da cena majestosa de 7 de setembro de 1822 cara a todos os nossos corações. Dirão um ou outro que lhe falta certa originalidade, poder-se-á responder-lhes que ainda representa uma homenagem e das mais vigorosamente executadas e até hoje realizadas, a um documento incontestavelmente notável da arte brasileira"[5].

As observações de Taunay sugerem que a popularidade e os valores estéticos atribuídos ao quadro estavam atrelados à sua capacidade de proporcionar a imediata identificação do "fato histórico", o que aponta para questões instigantes seja no âm-

4. Sobre este conjunto escultórico, encimado por estátua eqüestre de D.Pedro proclamando a Independência, consultar: Herstal, *op. cit.*, vol. 1, pp. 218-268; e o artigo de Marfa Barbosa Vianna, "A Estátua mais Bonita da Guanabara nas Coleções do Museu Histórico", publicado nos *Anais do Museu Histórico Nacional*, Rio de Janeiro, MEC, 1964, vol. XIII (1952), pp. 229-236.

5. Documento em parte manuscrito e em parte datilografado, com correções de Afonso de Escragnolle Taunay, datado de 27 de março de 1920, e denominado "Justificativa do Voto", *Fundo Museu Paulista* (Grupo História Nacional/Monumento à Independência), P 237, D 17 A 30, Serviço de Documentação Textual e Iconografia do MP/USP.

bito da compreensão daquilo que seria um "fato histórico" seja do ponto de vista das relações entre a história e os procedimentos de sua reconstituição e interpretação [6]. Na concepção daquele historiador, e de tantos outros intelectuais que compartilharam com ele aquele momento [7], a tela constituía um "documento" não só da arte brasileira como da "cena majestosa do 7 de setembro". Era um atestado da tangibilidade e da existência objetiva do acontecimento. Ou seja, atribuía-se à obra de Pedro Américo não o estatuto de produção simbólica e imaginária, dotada de linguagem e historicidade próprias, mas o de "visualização" verossímil e fidedigna da história, como se o artista, em lance de inigualável inspiração, sensibilizasse o espectador a experimentar a "realidade" de um evento transcorrido em época distante e que, de acordo com interpretações historiográficas correntes naquela ocasião, guardava enorme significado [8].

O entendimento de que representação e "fato representado" estariam articulados por vínculos de distanciamento e similaridade, como se o passado pudesse ser recuperado tal como foi [9], universalizou-se e ainda hoje encontra respaldo, mas o solo político e cultural no qual se delineou remete ao século passado e aos procedimentos que ensejaram a feitura do painel e definiram o lugar de sua pública e permanente exposição. Pedro Américo idealizou-o es-

6. A concepção de que os "fatos históricos" constituem dados ou realidades substanciais à disposição de um sujeito do conhecimento que o recolhe e interpreta encontra-se enunciada com clareza no artigo "Os Princípios Gerais da Moderna Crítica Histórica", escrito por Taunay e publicado na *Revista do Instituto Histórico e Geográfico de São Paulo*, vol. XVI, 1914, pp. 325-334. No entanto, essa concepção assim como suas graves implicações teórico-metodológicas foram discutidas em profundidade por Lucien Febvre na obra *Combats pour l'histoire*, 2. ed., Paris, Armand Colin, 1965, especialmente pp. 114-ss. Mais recentemente essa questão foi tratada, entre outros autores, por Claude Lefort, em *As Formas da História*, trad. M. Chaui e L.R.S. Fortes, São Paulo, Brasiliense, 1979, particularmente cap. XII; e por Carlos Alberto Vesentini, em *A Teia do Fato. Uma Proposta de Estudo sobre a Memória Histórica (1982)*, São Paulo, Hucitec/Programa de Pós-graduação em História Social da USP, 1997, série Teses, vol. 1.

7. Sobre a ambiência política e cultural nessa época, ver, entre outros textos: Nicolau Sevcenko, *Orfeu Extático na Metrópole – São Paulo, Sociedade e Cultura nos Frementes Anos 20*, São Paulo, Companhia das Letras, 1992.

8. Durante as festividades do Centenário, a enorme produção historiográfica sobre o episódio de 7 de setembro e sobre as circunstâncias que o envolveram acabou consolidando, por meio de formulações específicas e historicamente delineadas, muitas das representações políticas elaboradas em torno da Independência ao longo do século XIX. Ver especialmente: Afonso de Escragnolle Taunay, *Grandes Vultos da Independência Brasileira*, São Paulo, Melhoramentos, 1922; Manuel de Oliveira Lima, *O Movimento de Independência*, São Paulo, Melhoramentos, 1922; e os inúmeros trabalhos publicados pelo Instituto Histórico e Geográfico Brasileiro.

9. Sobre a concepção "realista" do conhecimento assim como sobre a crítica a essa concepção, ver: Claude Lefort, *op. cit.*, pp. 256 e ss.; Carlos Alberto Vesentini, *op. cit.*, apresentação e primeira parte. A esse respeito são instigantes, também, as reflexões de Ecléa Bosi sobre os "trabalhos da memória", em *Memória e Sociedade: Lembranças de Velhos*. 1. reimpressão, São Paulo, T. A. Queiroz, 1983.

pecialmente para ornamentar o Salão de Honra do Monumento do Ipiranga, o palácio de feições renascentistas que, na década de 1880, estava sendo erguido em São Paulo para delimitar definitivamente o local do "grito" e celebrar o episódio de 7 de setembro assim como a obra política de construção do Império do Brasil [10].

Por intermédio de contrato, firmado em cartório, em 14 de janeiro de 1886, entre o artista e o conselheiro Joaquim Inácio de Ramalho [11], presidente da Comissão do Monumento do Ipiranga, ficaram acertados o prazo, o preço, as formas de pagamento e as condições de elaboração da obra. Pelo documento, Pedro Américo se comprometia a pintar um "quadro histórico comemorativo da Proclamação da Independência pelo príncipe regente D. Pedro nos campos do Ypiranga" com as dimensões de 8 metros e 40 cm de largura e 4 metros e 90 cm de altura. Obrigava-se a fornecer todo o material necessário para a execução, "incluindo a moldura", e a "entregá-lo colocado" no prazo máximo de três anos, a contar daquela data, estabelecendo-se, entretanto, que a incumbência deveria estar concluída no dia da inauguração do edifício, sem previsão exata naquele momento. O valor a ser pago foi calculado em 30 contos de réis e o artista, no ato de assinatura do contrato, recebeu 6 contos para iniciar "estudos" e atividades preparatórias. Uma última claúsula rezava que "se por qualquer eventualidade não concluir-se o edifício ou a sua conclusão demorar-se além do prazo contratado, receberá ele contratante o pagamento final de 24 con-

10. Sobre a história do Monumento do Ipiranga, ver: *Relatórios* do Presidente da Comissão do Monumento do Ipiranga, Joaquim Inácio de Ramalho, apresentados em 1885/1886/1887/1888 e 1889, Coleção Barão de Ramalho, Serviço de Documentação Textual e Iconografia do MP/USP; Afonso de Escragnolle Taunay, *Guia da Seção Histórica do Museu Paulista*, São Paulo, Imprensa Oficial, 1937; Orlando Marques de Paiva (ed.), *O Museu Paulista da Universidade de São Paulo*, São Paulo, Banco Safra, 1984; Ulpiano Toledo Bezerra de Meneses *et al.*, *Às Margens do Ipiranga*, 1890/1990, Catálogo da Exposição comemorativa do Centenário do edifício do Museu Paulista da USP, São Paulo, MP/USP, 1990; Maria José Elias, *Museu Paulista: Memória e História*, São Paulo, USP, 1996 (tese de doutorado); Cecilia Helena de Salles Oliveira, "O Espetáculo do Ipiranga: Reflexões Preliminares sobre o Imaginário da Independência", em *Anais do Museu Paulista*, História e Cultura Material, Nova Série, vol. 3, 1995, pp. 195-208; Cecilia Helena de Salles Oliveira, "Delimitação do Lugar do 'Grito': Propostas e Contradições", em José Sebastião Witter e Heloisa Barbuy (orgs.), *Museu Paulista, um Monumento no Ipiranga*, São Paulo, FIESP, 1997, pp. 212-225.

11. Joaquim Inácio de Ramalho era conceituado advogado e professor da Academia de Direito em São Paulo. Apesar de tornar-se conhecido por sua atuação como presidente da Comissão do Monumento, entre 1840 e 1890 ocupou cargos importantes, como o de presidente da província de Goiás, construiu fortuna e pelas propriedades e recursos financeiros que amealhou era considerado um "capitalista". Chegou à dignidade de barão em 1887 e logo após a proclamação da República foi nomeado diretor da Faculdade de Direito. Ver: *Documentos Biográficos*, da Coleção Barão de Ramalho, códices: 1244 a 1280/1283 a 1330, 1331 a 1357, Serviço de Documentação Textual e Iconografia do MP/USP.

tos de réis, desde que o quadro esteja pronto e em condições de ser colocado" [12].

As fontes que consultei indicam que Pedro Américo cumpriu essas determinações e que em 14 de julho de 1888 a tela e o "retábulo" que a acompanhava foram entregues, em São Paulo e pelo próprio artista, ao então barão de Ramalho [13]. A despeito disso, somente entre 1894 e 1895 o painel foi alocado no espaço a ele reservado. Isso se deveu às contraditórias – e ainda pouco desvendadas – circunstâncias políticas que presidiram a demorada, e sempre ameaçada, construção do edifício, que foi dado por terminado em 1890. Nesse meio tempo, permaneceu enrolado e encaixotado em uma das salas da Faculdade de Direito [14] e, a despeito de, em 1889, a Comissão Brasileira para a Exposição Universal de Paris pleitear a apresentação da tela e do modelo reduzido do Monumento no setor destinado ao Brasil, foram expostos nessa ocasião apenas os estudos feitos pelo artista para o quadro [15]. No entanto, em 1893, o painel foi exibido no

12. Primeiro translado da Escritura de Contrato que fez o Exmo Dr. Pedro Américo de Figueiredo e Melo com a comissão de Obras do Monumento do Ipiranga representada por seu presidente o Exmo conselheiro Dr. Joaquim Inácio de Ramalho. Transcrição manuscrita em *Livro para Transcripção de Officios e mais Papéis Dirigidos pelo Presidente da Província e outras Autoridades à Comissão das Obras do Monumento do Ypiranga*, pp. 16-17, da Coleção Barão de Ramalho, D 1487, Serviço de Documentação Textual e Iconografia do MP/USP. Importa ressaltar que as dimensões estabelecidas no contrato se referiam ao painel sem a moldura, não havendo, portanto, incompatibilidade entre as medidas mencionadas no contrato e as citadas na nota 1.

13. Carta de Pedro Américo ao barão de Ramalho, datada de São Paulo, 14 de julho de 1888. Transcrição manuscrita, em *Livro para Transcripção de Officios...*, pp. 35-36. Nessa oportunidade, o artista solicitou à Comissão do Monumento o ressarcimento das despesas referentes ao acondicionamento da tela e do "retábulo", à viagem de Florença a São Paulo e ao trabalho de pessoalmente acompanhar a obra até seu destino. Requeria, assim, o pagamento da "última prestação a que tinha direito" e mais a soma de cinco contos e duzentos e noventa e quatro mil réis. É de se supor que o montante do pagamento final fosse de doze contos de réis e não de vinte e quantro contos como rezava o contrato, pois em carta datada de 22 de junho de 1887, o visconde de Parnaíba, então presidente da província, autorizava o conselheiro Ramalho a entregar adiantamento de doze contos, conforme o artista solicitara. Texto da Coleção Barão de Ramalho, manuscrito, códice: D 358, Serviço de Documentação Textual e Iconografia do MP/USP. Cabe lembrar que, no sentido em que foi usada, a expressão "retábulo" se referia, muito provavelmente, não à moldura, mas a um suporte de madeira com encaixes destinado a manter o painel estendido. Ver: Regina M. Real, *Dicionário de Belas-artes,* Rio de Janeiro, Fundo de Cultura, 1962.

14. *Relatório* apresentado, em 7 de setembro de 1888, pelo barão de Ramalho, presidente da Comissão do Monumento do Ipiranga, pp. 12-13, da Coleção Barão de Ramalho, Serviço de Documentação Textual e Iconografia do MP/USP.

15. Carta do visconde de Cavalcanti, presidente da Comissão Central Brasileira para a Exposição Universal de Paris, datada de 20 de outubro de 1888, Coleção Barão de Ramalho, códice:537. Menções específicas à apresentação dos estudos de Pedro Américo encontram-se no *Catalogue Officiel*, Exposition Universelle de Paris, 1889 (Empire du Brésil. Biblioteca Nacional). Ver também o artigo "O Brasil vai a Paris em 1889, um Lugar na Exposição Universal" elaborado por Heloisa Barbuy e publicado nos *Anais do Museu Paulista*, História e Cultura Material, Nova Série, n. 4, pp. 211-241, 1996.

Pavilhão Brasileiro da Exposição Universal de Chicago [16].

Nesse ano, e em meio ao matizado processo de conformação da República, o governo do Estado de São Paulo transformou o Monumento do Ipiranga em sede do Museu Paulista, instituição pública criada na mesma ocasião e voltada para "instrução do povo" e para a "investigação científica" no campo da história natural [17]. No Regulamento do Museu, publicado em 26 de julho de 1894, determinava-se que, além das "coleções de ciências naturais", haveria uma seção destinada à história nacional, especialmente dedicada à coleta e ao arquivamento de "documentos" relacionados à "independência política", estimando-se que galerias e demais lugares "apropriados" do edifício seriam ocupados por estátuas, bustos e retratos de "cidadãos brasileiros" que merecessem a "perpetuação de sua memória". "No mesmo museu", dispunha o documento, "haverá lugar para o quadro de Pedro Américo e para outros de assunto de história e costumes pátrios" [18].

Quando da solene e festiva inauguração do Museu Paulista, em 7 de setembro de 1895, diferentes órgãos de imprensa da capital foram unânimes em registrar a presença do painel *Independência ou Morte!* no Salão de Honra e foram unânimes, também, em apontar a beleza e o arrojo arquitetônico do monumento que conjugava, em um único espaço, produção de saber científico e "recordação histórica", consubstanciada na imagem que a tela projetava e que já se configurava como emblemática [19].

A sinonímia entre "fato", lugar e imagem foi se sedimentando à medida que, desde os primeiros anos deste século, o monumento-museu e seu entorno foram guindados à condição privilegiada de palco para festividades cívicas. Mas a enorme visibilidade alcançada pelo painel e a reiteração da prática de reproduzi-lo e banalizá-lo datam, certamen-

16. Carta do barão de Ramalho dirigida à comissão encarregada do Pavilhão Brasileiro, datada de 19 de setembro de 1892, Coleção Barão de Ramalho, códice 1429. Ver também *Catálogo das Obras do Grande Mestre Brasileiro Pedro Américo*, anotado e acompanhado de apontamentos biográficos, elaborado por J. M. Cardoso de Oliveira, Paris/ Lisboa, Aillaud e Bertrand, 1924.

17. Ver cronologia e trajetória institucional do Museu Paulista no catálogo da exposição Às Margens do Ipiranga e no *Suplemento Especial do Diário Oficial do Estado de São Paulo*, de 15 de novembro de 1997, dedicado à história do museu e à apresentação de seus acervos.

18. Regulamento do Museu Paulista, conforme Decreto n. 249, de 26 de julho de 1894, assinado por Bernardino de Campos, presidente do Estado de São Paulo.

19. Ver especialmente as edições de *O Estado de S. Paulo* e do *Correio Paulistano* do dia 8 de setembro de 1895, bem como a edição do *Diário Popular* de 9 de setembro do mesmo ano.

te, do centenário da Independência, momento em que às múltiplas facetas assumidas pelas comemorações aliaram-se a concepção e implementação da decoração interna do edifício, o que veio a consolidar, de modo quase inquestionável, a representação de que a cena elaborada por Pedro Américo constituía um registro preciso do instante em que a Independência foi proclamada.

Contraditoriamente, porém, o mesmo movimento que presidiu a incorporação da imagem ao universo de circulação e consumo de bens culturais e simbólicos promoveu o esgarçamento e o obscurecimento das condições particulares nas quais foi produzida. Refiro-me, de um lado, ao jogo de bastidores que antecedeu o contrato já mencionado e que também se relaciona ao delineamento de um projeto de decoração interna do edifício que, a princípio, não previa a colaboração de Pedro Américo. E, de outro, ao fato de que quanto mais a tela se tornou conhecida e familiar, mais profundamente foram sombreadas as significações históricas e historiográficas de sua emergência no âmbito da conformação do imaginário político e da memória com os quais nos tem sido dada a conhecer a Independência.

Ao contrário do que se imagina e do que o contrato faz supor, o artista não foi convidado para realizar o trabalho, mas se ofereceu para fazê-lo. Pedro Américo chegou a São Paulo vindo da Europa nos primeiros dias de dezembro de 1885, encorajado provavelmente por políticos da corte, pois havia uma Comissão Central dos assuntos do Ipiranga, presidida pelo visconde de Bom Retiro, seu antigo protetor[20], e o próprio imperador demonstrava interesse no êxito do empreendimento. Segundo registro feito, no dia 11 desse mês, pelo conselheiro Ramalho em seu Diário, o artista "declarou à Comissão das obras que se encarregava de fazer um quadro histórico em memória a fato glorioso da nação".

O Brado do Ipiranga

"Fiz verbalmente ao proponente algumas observações sobre o assunto", prosseguiu Ramalho, "declarando-lhe algumas dificuldades em aceitar a proposta, sendo a primeira o não ter ainda a planta

20. Álvaro Cotrim, na introdução da obra já mencionada, comenta que os estudos de Pedro Américo no Rio de Janeiro, tanto no Colégio Pedro II quanto posteriormente, foram encaminhados graças ao amparo que recebeu do conselheiro Luís Pedreira do Couto Ferraz, visconde de Bom Retiro. Ministro do Império durante o Gabinete da Conciliação, em 1853, Bom Retiro era advogado, membro do Conselho de Estado e foi indicado para senador pelo Rio de Janeiro em 1867. Segundo Joaquim Nabuco, na década de 1870 tornou-se conservador extremado. Faleceu em 1886. Ver: Augusto V. A. Sacramento Blake, *Dicionário Biobibliográfico Brasileiro*, Rio de Janeiro, Imprensa Nacional, 1899, vol. 5, pp. 447-449; Joaquim Nabuco, *Um Estadista do Império*, 5. ed., Rio de Janeiro, Topbooks, 1997, especialmente vol. 2.

do edifício, porque o arquiteto [Tommazzo Bezzi] havia sido encarregado de fazer algumas reduções na planta já aprovada, mas ainda não tinha apresentado o seu trabalho; e que, em falta dele, não era possível resolver sobre a formação de quadro em harmonia com o edifício; e em segundo lugar que, não havendo ainda fundos suficientes para a construção, não era coisa prudente votar uma despesa para outros fins" [21].

Na versão de Ramalho, a comissão, depois de ouvir as ponderações do presidente da província, o conselheiro João Alfredo Correia de Oliveira, decidiu que não deveriam ser destinados recursos para uma "obra de luxo" e que, diante da "falta de fundos", o mais acertado naquele momento era esperar o "correr das obras". Caso "fosse resolvida a formação do quadro proposto ou de alguma outra pintura", o artista seria o preferido [22]. No entanto, Pedro Américo não se deu por vencido e buscou em relações pessoais e de favor o respaldo para garantir a encomenda.

Em carta datada de 12 de dezembro de 1885, o artista relatava ao barão Homem de Melo seus infortúnios em São Paulo, revelando outras facetas do debate de que se tornaram alvo o painel e sua pessoa. "O desconchavo resultante do meu desencontro com o Ex.mo Sr. Visconde de Bom Retiro", comentava, "pôs-me na desagradável posição de quem carece de fortes escudos para caminhar entre espinhos por veredas desconhecidas. Esperava ser apresentado pessoalmente pelo Sr. Visconde aos principais membros da Comissão dos trabalhos do Ipiranga... e como fiz a viagem no momento em que, sem prever, ia ele para a Corte, fiquei colocado falsamente, carecendo de cartas que me recomendem".

Mostrando-se especialmente preocupado em conquistar a benevolência do conselheiro Ramalho e do conde de Itu, Pedro Américo afirmava que "o engenheiro do edifício comoveu-se com a despesa em que importará a pintura do painel e indo falar ao Imperador comunicou-lhe a má impressão que lhe causara ver um Brasileiro imiscuir-se nos trabalhos do Monumento, em totalidade confiado à inspiração estrangeira; e voltou da Corte declarando que S.M. não queria que a paga da pintura distraísse os dinheiros destinados ao edifício! No meu entender o quadro é um monumento mais diretamente expressivo do que o edifício de pedra, principalmente executado por um filho deste país

21. *Diário do Conselheiro Ramalho* sobre as atividades da Comissão das Obras do Monumento do Ipiranga, 1882/1887, da Coleção Barão de Ramalho, códice: D 1360, Serviço de Documentação Textual e Iconografia do MP/USP.

22. *Idem, ibidem*.

cuja independência lhe é mais grata, a ele, do que ao estrangeiro". E arrematava: "Não duvido que o Imperador tenha dito o que se espalhou em São Paulo para expelir-me da província indecorosamente... Temo a oposição do Conde de Itu e talvez de mais alguém no momento de ser discutida a oportunidade do painel; e por isso peço a V. Ex.ª alguma carta para o dito Senhor Conde, quer de V. Ex.ª quer de outra pessoa importante e sendo possível cartas para outros Srs. da Comissão. Não sei qual marcha tomará o objeto..." [23].

Mais do que um pedido para que do Vale do Paraíba o barão Homem de Melo interviesse no encaminhamento da situação, o texto aponta a animosidade entre um artista "brasileiro" e um arquiteto "estrangeiro", ambos envolvidos na formulação de suportes materiais que imortalizassem o ato de 7 de setembro, e evidencia que na concepção de Pedro Américo a linguagem da pintura era incomparavelmente mais significativa do que a de uma obra de alvenaria. E curiosamente a imprensa paulistana abriu espaço em editoriais para discutir essas mesmas questões, tomando o partido do pintor.

Em 22 de dezembro de 1885, o periódico republicano *A Província de São Paulo* publicou em destaque matéria intitulada "Pedro Américo e a Comissão do Ipiranga" [24]. O articulista enaltecia o "laureado mestre da estética" e "inspirado pintor nacional" e ao mesmo tempo criticava a conduta do presidente da província e do presidente da comissão pelo modo como deram "esperanças" e depois "desenganaram" o artista. Pedro Américo, observou com ironia, "parece ter-se esquecido de trazer a dignidade da Rosa e deixou São Paulo levando uma promessa: a de ser ouvido quando se tratasse da ornamentação do palácio ou monumento da Independência". Mas, além disso, o redator colocava sob suspeita a alegação de que foi a falta de

O Brado do Ipiranga

23. Carta de Pedro Américo de Figueiredo ao barão Homem de Melo, datada de São Paulo, Hotel de France, 12 de dezembro de 1885. Transcrição datilografada de documento original pertencente ao Arquivo do Museu Coronel David Carneiro, Coleção Monumento do Ipiranga, Serviço de Documentação Textual e Iconografia do MP/USP. O barão Homem de Melo – Francisco Inácio Marcondes Homem de Melo – era titular sem grandeza da província de São Paulo e vivia em Pindamonhangaba e na corte. Foi ministro do Império durante o Gabinete Liberal de 1880/1882 e representante da província na Câmara dos Deputados nessa mesma época. Ver: Augusto V. A. Sacramento Blake, *op. cit.*, vol. 2, pp. 463-467. Já Antônio de Aguiar Barros, conde de Itu, por suas propriedades e por estar envolvido em empreendimentos, como estradas de ferro e organização de núcleos de colonização e imigração, era considerado um "capitalista". Exerceu a presidência da província em 1883. Ver: *Indicador de São Paulo para o Ano de 1878*, ed. fac-similar, São Paulo, Arquivo do Estado/Imesp, 1983 e *Almanaque da Província de São Paulo para 1887*, São Paulo, Seckler, 1887.

24. *A Província de São Paulo*, 22 de dezembro de 1885, p. 1, Serviço de Documentação Textual e Iconografia do MP/USP, microfilme.

dinheiro o motivo da recusa da proposta. Recuperando, e propositadamente simplificando, uma polêmica de caráter político-partidário que há anos cercava o monumento, a definição dos custos da obra e a garantia de recursos financeiros para concretizá-la, comentava que a comissão conseguira impor – graças à intervenção do conselheiro João Alfredo e "contra a opinião geral" – a premissa de que eram necessários mil contos de réis para executar o empreendimento e que isso tinha sido justificado em função das "despesas de ornamentação e acessórios de um palácio levantado para comemorar fato notável da história pátria". E argumentava:

"[...] Ora, os trabalhos de pintura deviam entrar nos cálculos e a representação da cena histórica pelo pincel decerto não escapou aos cavalheiros da Comissão. Não é crível que o Dr. Pedro Américo exigisse centenas de contos. Estabelecendo o máximo, não foi ou não iria além de uns trinta contos. Dentro dessa máxima, dadas as dimensões do quadro, apontado o número de figuras e de planos em que deveriam aparecer, não era caso de recusa. Não agradaria à comissão a concepção artística por não exprimir a verdade e por não corresponder ao sentimento patriótico? Haverá compromisso com algum outro pintor nacional? [...] Se a concepção do artista é feliz e traduz na tela o fato histórico com fidelidade tanto quanto possível em obras de arte, pode sair dos mil contos a quantia para a compra do quadro [...] A razão da recusa não nos parece procedente [...]"[25].

Revelando-se extremamente bem informado, pois não só mencionou o valor do painel como parecia conhecer as linhas gerais que Pedro Américo tencionava imprimir à pintura, o publicista desmentiu o argumento usado pela comissão, sugerindo que sua atitude se prendia a outras questões entre as quais divergências em torno da "concepção artística" e, portanto, em torno da versão da Independência a ser imortalizada. E, procurando demonstrar "a necessidade de ligar ao monumento a afirmação da existência da arte nacional, de trabalhos originais de artistas brasileiros", recorreu à reprodução de parte de um editorial que o *Correio Paulistano*, jornal de tendências monarquistas, também havia publicado em defesa do artista e que colocava o debate nos seguintes termos:

"[...] O que a arquitetura, embora irrepreensível, jamais poderá reproduzir é o que exprime a pintura pelo olhar, pela cor, pela luz, pela perspectiva. Se o edifício-monumento fosse acaso um edifício monumental ainda assim não poderia ele dispen-

25. *Idem, ibidem*.

sar, segundo os preceitos estéticos e a tradição da arte, que a Proclamação da Independência fosse relembrada em pintura, porque esta é o único meio de representação viva e animada do que não é persistente, nem preciso, nem claro, nem duradouro, como seja uma cena histórica, tendo por palco uma vasta paisagem e cujo interesse simbólico prende-se à agremiação verídica e inteligente dos personagens. Foi compreendendo esses argumentos que Pedro Américo veio há dias a São Paulo cheio de esperanças da cultura artística da Província. Houve porém quem compreendesse por outra forma os ditames da arte ou não tivesse no coração as mesmas expansões do artista [...]"[26].

Difícil avaliar, pela documentação consultada, a ressonância das provocações formuladas pela imprensa assim como o peso que eventualmente tiveram na mudança de rumos tomados pela comissão. Certamente contribuíram para fortalecer a posição dos "inimigos" do monumento, designação dada por Ramalho para os políticos e deputados republicanos, liberais e conservadores que na Assembléia Provincial, entre outros espaços de atuação, procuravam subtrair os recursos financeiros destinados às obras. Mas, seja por pressões advindas do barão Homem de Melo, seja por solicitações do visconde de Bom Retiro, seja, ainda, por delicadas negociações que envolveram múltiplos protagonistas, o certo é que, poucos dias após o editorial de *A Província*, a comissão reviu sua decisão e de forma lacônica, em 28 de dezembro, Ramalho escreveu em seu Diário que fora enviada correspondência para o Rio de Janeiro, onde se achava Pedro Américo, comunicando-lhe a aceitação da proposta[27]. Entretanto, é de se supor que o recuo da comissão estivesse relacionado igualmente a um recuo do pintor em termos da "concepção artística" inicialmente projetada, o que teria proporcionado uma conciliação de interesses. E talvez essa injunção de circunstâncias tenha ensejado a iniciativa de Pedro Américo de formular, simultaneamente à confecção do painel, um opúsculo destinado a explicitar

26. *Idem, ibidem.*

27. *Diário do Conselheiro Ramalho* sobre as atividades da Comissão de Obras, anotações referentes ao mês de dezembro de 1885. Em carta endereçada ao barão Homem de Melo, datada de 12 de janeiro de 1886, Pedro Américo comentava o acordo com a "patriótica comissão" e dava indícios de que se encontrava à cata de informações históricas e biográficas para compor o painel. Transcrição datilografada de original pertencente aos acervos do Arquivo do Museu Coronel David Carneiro, da Coleção Monumento do Ipiranga, Serviço de Documentação Textual e Iconografia do MP/USP. Pode-se avaliar a interferência do visconde de Bom Retiro na questão por uma carta que escreveu a Ramalho, datada de 18 de janeiro de 1886, na qual enfatizou "foi para mim muito agradável a notícia de estar terminado esse negócio com sabedoria e critério", referindo-se ao contrato com Pedro Américo, na Coleção Barão de Ramalho, códice: 1459.

os procedimentos e as opções que nortearam sua obra.

O Brado do Ipiranga ou a Proclamação da Independência do Brasil – Algumas Palavras acerca do Fato Histórico e do Quadro que o Comemora foi impresso em Florença, em 1888, e sua reedição, em um volume que reúne cartas e estudos do artista, é mais do que oportuna, pois coincide com o momento em que, no âmbito da pesquisa e da produção acadêmicas, vêm sendo interrogados tanto os pressupostos da memória quanto os processos históricos e políticos nos quais se definiram a separação de Portugal, a Independência e os fundamentos do Império e do Estado nacional[28].

Enquanto as cartas aqui reproduzidas, assim como as que mencionei ao longo dessa exposição, exprimem fragmentos da ambiência e dos meandros que cercaram a feitura da obra[29], e enquanto os esboços possibilitam, também de modo fragmentário, a recuperação do movimento de criação artística, o texto sintetiza a versão do pintor a respeito de sua própria produção e a respeito do "fato histórico" que se propôs a representar. De fácil e prazerosa leitura, a narrativa de Pedro Américo instiga a reflexão não só pela interpretação da Independência que expôs de forma similar às práticas de investigação adotadas para realizar a transposição da "verdade" contida nos registros escritos e orais que compilou, mas também em imagem capaz de aprisionar o olhar e a sensibilidade do espectador.

A descrição do 7 de setembro elaborada pelo artista constitui a reiteração quase literal das considerações que Joaquim Inácio de Ramalho formulou acerca do "fato" e que teriam servido de inspiração para a concepção do palácio-monumento. Apresentada como parte do Relatório da Comissão em 1885 – o que reforça a suposição de que Pedro Américo reconsiderou sua proposta inicial adequando-a aos desígnios dos idealizadores do edifício – essa versão da Independência exterioriza um momento de inflexão da memória histórica[30]. Transcorrido tanto tempo, do movimento de lutas políticas da década de 1820 e dos inúmeros e contra-

---

28. Sobre as mais recentes e inovadoras vertentes interpretativas sobre o movimento de Independência, ver: Cecilia Helena de Salles Oliveira, *Independência e Práticas Liberais: Questões para Debate*, São Paulo, Instituto de Estudos Avançados da USP, 1997 (Coleção Documentos, Série Teoria Política).

29. As cartas transcritas nessa edição são inéditas e fazem parte da Coleção Barão de Ramalho, códices: 1491 e 1492. Foram escritas em agosto de 1888 e endereçadas ao barão de Ramalho.

30. *Relatório* apresentado pelo conselheiro Joaquim Inácio de Ramalho em 7 de setembro de 1885, pp. 5-11, da Coleção Barão de Ramalho, Serviço de Documentação Textual e Iconografia do MP/USP.

ditórios significados atribuídos à Independência durante o século XIX pareciam ter resistido apenas um episódio reificado e protagonistas metamorfoseados em personagens de uma cena dramática, fragmento retirado do imenso quadro de eventos que se supunha ser a história, ao qual se atribuía o caráter de divisor de águas e o poder de instaurar a nação e a nacionalidade.

Por reconhecer a dimensão do quadro e do lugar a que se destinava, Pedro Américo apontou, em seu relato, as dificuldades do artista/historiador na busca dos elementos que pudessem "revestir das aparências materiais do real todas as particularidades de um acontecimento que passou-se há mais de meio século". "Um quadro histórico", considerava, "deve, como síntese, ser baseado na verdade e reproduzir as faces essenciais do fato, e, como análise, em um grande número de raciocínios derivados a um tempo da ponderação das circunstâncias verossímeis e do conhecimento das leis e das convenções da arte. A realidade *inspira* e não *escraviza* o pintor [...]"[31].

Seguindo rigorosamente essa máxima, o artista revisitou as inúmeras fontes disponíveis naquela ocasião, recuperou "testemunhos", vasculhou bibliotecas, coletou retratos e gravuras, percorreu coleções de uniformes, vestimentas e objetos de época, preparou moldes e modelos, estudou em minúcia as raças eqüinas, e visitou o "sítio do Ipiranga" para presenciar, *in loco*, a topografia, a paisagem e a "atmosfera diáfana" de São Paulo[32]. Fundamentando-se nessas incursões e em práticas historiográficas vigentes em sua época, idealizou o cenário e as figuras a partir de opções estéticas que, segundo ponderou, foram projetadas para "não desfigurar" o "fato" e para "revesti-lo dos esplendores da imortalidade"[33]. A garantia da "veracidade" e da pretendida reconstituição do passado, tal e qual, estava, portanto, na investigação detalhada que realizou e que recebeu o reconhecimento e o acolhimento de autoridades incontestáveis do mundo artístico e político quando a tela foi exposta, pela primeira vez, na Academia Real de Belas-artes de Florença, em 8 de abril de 1888, em cerimônia que

O Brado do Ipiranga

31. *O Brado do Ipiranga*, edição original, pp. 13-14.

32. Em carta, infelizmente sem data e registro de lugar, mas provavelmente de 1887, Pedro Américo dirigiu-se ao barão Homem de Melo queixando-se não só de "incômodos do fígado" como da "honrosa oposição do imperador", o que dificultava ainda mais os estudos preparatórios do painel. Foi nessa ocasião que descreveu rapidamente sua visita ao "formoso domínio do Ipiranga". Transcrição datilografada de original pertencente ao acervo do Arquivo do Museu David Carneiro, Coleção Monumento do Ipiranga.

33. *O Brado do Ipiranga*, edição original, p. 28.

contou com a presença de D. Pedro II e da rainha da Inglaterra[34]. E certamente essas circunstâncias também contribuíram para que até hoje o quadro seja interpretado não como representação, mas como registro fidedigno e indelével da fundação nacional.

A obra de Pedro Américo, assim como a construção do monumento, conduz a muitas indagações. E sugere que nexos indissolúveis entrelacem o movimento da história, o delineamento da memória histórica e a dimensão da política, seja do ponto de vista das relações de poder, seja do da cultura e do imaginário pelo qual a sociedade projeta e oculta a dinâmica contraditória de seu próprio engendramento, motivando igualmente uma reflexão que se debruça não apenas sobre a Independência e as formas e conteúdos de sua rememoração como, parafraseando Vesentini, sobre o lugar do historiador na "teia do fato".

---

34. *Idem*, pp. 29 e ss. Ver também documentos a esse respeito reunidos no *Livro para Transcripção de Officios...*, já mencionado.

Claudia Valladão de Mattos

Imagem e Palavra

Independência ou Morte!: O Quadro, a Academia e o Projeto Nacionalista do Império[1]

> *Em nossa história ainda curta abundam já os feitos gloriosos que excitam os talentos e inspiram o gênio* [...] *preparai-vos para transmitir aos vindouros essa memória gloriosa e vossas obras de arte serão ao mesmo tempo grandes obras de patriotismo.*
>
> Thomaz Gomes dos Santos
>
> *Ata da Sessão Pública da Academia Imperial de 05/05/1864*

O Brado do Ipiranga

O quadro *Independência ou Morte!* de Pedro Américo, pintado em 1888 (19), é um dos principais exemplos de pintura acadêmica brasileira e de sua estreita vinculação com o imaginário do último período do Império. Pedro Américo, que em 1865 tornou-se professor da academia, foi o artista mais próximo do imperador, e suas pinturas, especialmente seus quadros históricos, revelam muito acerca do mecenato do monarca e do papel político atribuído à pintura oficial naquele momento. A história da pintura acadêmica é, como veremos, marcada por uma estreita relação com o projeto pessoal do imperador de construção de uma identidade nacional, que ele acreditava poder desenvolver pelo incentivo às ciências e às artes[2]. Seu grande interesse nas atividades da academia e seu mecenato, que possibilitou a inúmeros artistas – inclusive Pedro Américo – completar sua formação na Europa, são bastante conhecidos[3].

1. Agradeço a Rafael Vieira Souto, do Museu Nacional de Belas-artes do Rio de Janeiro, pela sua amável acolhida durante as pesquisas que realizei para fins deste trabalho naquela instituição. Agradeço igualmente a Luiz Antônio Ewbank do Museu Histórico do Itamaraty, por sua atenção e preciosas informações.

2. A análise que desenvolveremos a seguir deve muito à leitura do livro de Lilia Moritz Schwarcz, *As Barbas do Imperador. D.Pedro II: Um Monarca nos Trópicos*, São Paulo, Companhia das Letras, 1998. Agradeço à Profª. Drª. Heloísa Pontes por esta valiosa indicação bibliográfica.

3. Cf., entre outros, José Carlos Duran, *Arte, Privilégio e Distinção: Artes Plásticas, Arquitetura e Classe Dirigente no Brasil, 1855/1985*, São Paulo, Perspectiva, 1989.

Porém, gostaríamos de ressaltar aqui que o projeto de construção de um imaginário nacional, ainda que tenha sido acalentado durante todo o mandato do monarca, adquiriu coloridos diferentes ao longo dos mais de quarenta anos de seu reinado. O quadro *Independência ou Morte!* de Pedro Américo, que nos interessa mais diretamente aqui, pertence a um momento específico dessa história, que se iniciou após os acontecimentos da Guerra do Paraguai e provocou, por assim dizer, uma guinada nas estratégias de produção de imagens patrióticas postas em prática pela academia e seu principal mecenas.

Como Peter Burke tão bem analisou em seu livro sobre a construção da imagem do rei Luís XIV[4], a sustentação de um regime monárquico dependeria em grande parte do imenso teatro que ele encena a seu redor. O poder do rei derivaria, assim, em larga medida, da eficácia de seus meios de persuasão, ou seja, da funcionalidade de seu sistema de "propaganda". Não é, portanto, descabida a afirmação de que um novo contexto histórico inaugura-se no Brasil com a chegada de D. João VI e sua corte (contando aproximadamente 20 mil pessoas), em 1808, impulsionada pelas investidas expansionistas de Napoleão na península Ibérica.

Pouco após a transferência da corte, inicia-se a montagem de todo um sistema de produção simbólica que visava legitimar a nova imagem do Império português. Como parte da estruturação dessas instâncias de "propaganda", chega ao Brasil, em 1816, a Missão Artística Francesa, encomendada pelo próprio rei, a fim de viabilizar a formação de artistas, arquitetos e artesãos locais, que pudessem imprimir o esplendor necessário à nova sede da corte e com isso impulsionar a continuidade da monarquia. Tal missão, que se encontra na origem da Academia Imperial de Belas-artes, marcou uma nova atitude diante da produção visual local, transformando-a em um dos órgãos fundamentais de legitimação do sistema vigente. A Academia Imperial de Belas-artes, nasceu, portanto, e se desenvolveu ao longo de todo o Império, como um projeto político-estético.

Apesar da potencial função política de uma academia brasileira ter sido um dos principais estímulos para o famoso decreto de D. João VI de 12 de agosto de 1816, viabilizando a vinda da Missão Francesa, o desenvolvimento efetivo de um sistema de produção de imagens adaptado às necessidades políticas do Império fez-se ainda esperar. Enquanto reinaram D. João VI e seu filho D. Pedro I, a academia não foi capaz de impor com coerência o

4. Peter Burke, *A Fabricação do Rei: A Construção da Imagem Pública de Luís XIV*, Rio de Janeiro, Zahar, 1994.

seu projeto[5]. Foi necessário que D. Pedro II assumisse o poder em 1840, para que esta situação se revertesse e se iniciasse uma colaboração mais efetiva entre a academia e o governo[6]. O novo monarca havia recebido uma educação cunhada em moldes europeus e ocupava-se seriamente com a questão do papel que as artes deveriam assumir na construção do imaginário da nação, refletindo, nesse contexto, também sobre a importância fundamental de seu mecenato. Assim, logo depois de sua maioridade, ele toma o fomento e desenvolvimento de instituições como o Instituto Histórico e Geográfico, a Academia de Belas-artes e o Colégio Pedro II como tarefa pessoal, participando ativamente de seus encontros e demais atividades[7].

Aproveitando-se das novas condições criadas por esse interesse pessoal de D. Pedro II pelas artes, o ex-professor da academia, Manuel Araújo Porto-Alegre[8], enviou-lhe, em 1853, uma carta sugerindo transformações urgentes naquela instituição, de forma a viabilizar as idéias, acalentadas pelo próprio monarca, de um estreitamento das relações entre a produção iconográfica gerida pela instituição e o governo[9]. Os termos da carta expunham abertamente tal proposta de aproximação entre academia e Estado. Nela, Porto-Alegre enfatizava

5. Logo após a chegada da Missão Artística Francesa, morrem o seu diretor Lebreton e o ministro conde da Barca, protetor do primeiro diretor da academia, Nicolas-Antoine Taunay. Em conseqüência, Taunay é afastado do cargo, assumindo a direção da recém-fundada instituição um português, Henrique José da Silva, que ao longo de seus dezoito anos de mandato, combateria os ideais da Missão Francesa, criando uma situação turbulenta e impedindo, na prática, a implementação da academia como instituição de ensino. Cf. Alfredo Galvão, "Resumo Histórico do Ensino das Artes Plásticas durante o Império", artigo apresentado nos *Anais do Congresso de História do Segundo Reinado*, Comissão de História Artística, publicado na *Revista do Instituto Histórico e Geográfico Brasileiro*, vol. 1, pp. 49-91, 1984.

6. Na verdade, já desde a morte de Henrique José da Silva e a tomada de posse do novo diretor da academia Félix-Emile Taunay, em 1834, podemos falar de uma revitalização do seu projeto: "A rigor, foi Félix Emílio Taunay quem estruturou a Academia criando as Exposições Gerais de Belas-artes com suas premiações, os Prêmios de Viagem à Europa, acabando as obras do edifício projetado por Grandjean de Montigny, tendo preparado o primeiro catálogo do acervo artístico da mesma, tendo orientado alguns artistas na sua cadeira de paisagem, tendo conseguido criar o cargo honorífico de 'Membro Correspondente' e de 'Membro Honorário'. Foi ele quem primeiro sugeriu a criação da cadeira de História da Arte, em 1848". Porém, o passo fundamental foi dado a seguir, como ainda veremos, com a implementação da "Reforma Pedreira" (Mello Júnior, Donato, "Manuel de Araújo Porto-Alegre e a Reforma da Academia Imperial das Belas-artes em 1855: A Reforma Pedreira", em *Crítica de Arte*, n. 4, p. 27, 1981). Félix-Emile era filho de Nicolas-Antoine Taunay, o primeiro diretor da Academia que viera ao Brasil como parte da Missão Francesa, retornando à França em 1821, após ter sido demitido de seu cargo em 1919.

7. Cf. Schwarcz, *op. cit.*

8. Porto-Alegre havia pedido demissão da academia devido a desentendimentos com Félix-Emile Taunay, então seu diretor.

9. A carta de Porto-Alegre encontra-se hoje no Arquivo Nacional, e foi reproduzida na revista *Crítica de Arte*, *op. cit.*, pp. 30-34. Porto-Alegre via na aliança entre academia e Estado, antes de tudo, uma solução para o problema da inserção social do artista no Brasil.

1. D. Pedro Sagrado por Indígenas da Terra e Divindades
Litogravura, c. 1840
Fundação Biblioteca Nacional

2. D. Pedro II, Imperador, Defensor Perpétuo do Brasil
Xilogravura, 1869
Fundação Biblioteca Nacional

justamente a utilidade das artes para a construção de um Estado forte no imaginário do povo brasileiro:

"O Chefe da nação não tem um palácio, e o Governo, os tribunais, e as escolas do alto ensino são inquilinos, que mudam de domicílio continuamente. Este estado provisório deve ser combatido, porque infunde no moral do cidadão a convicção de que não há estabilidade."

E continuando mais adiante:

"Para que as artes comecem a ter uma vida regular e floresçam pouco a pouco, para que elas espalhem o seu benigno insuflo na moral pública, e na indústria, é necessário que a família artística tenha um ponto de constante apoio no país, e este ponto é o Governo [...]" [10].

A conseqüência do empreendimento de Porto-Alegre foi sua nomeação, em 1855, para a direção da academia, ao que seguiu uma profunda reforma em seus estatutos, hoje conhecida como a Reforma Pedreira[11]. Inaugura-se, portanto, com ela um projeto comum, que poria a academia diretamente a serviço da construção do imaginário do Império[12].

Pedro Américo ingressa como aluno na Academia Imperial de Belas-artes em 1855, exatamente no ano da Reforma Pedreira, pertencendo, portanto, à primeira geração de artistas formada sob a nova filosofia da escola[13].

Antes, porém, de passarmos para uma discussão mais direta da obra de Pedro Américo e de sua ligação com o projeto nacionalista do imperador, faz-se necessário ainda examinar mais de perto as

O Brado do Ipiranga

10. Porto-Alegre, *Crítica de Arte*, *op. cit.*, pp. 31-32.

11. A reforma leva o nome do então ministro do Império, Luiz Pedreira do Couto Ferraz, que a assinou.

12. Após 1855, vários discursos dos diretores da academia, pronunciados nas sessões públicas desta instituição por ocasião da entrega de prêmios ao final das Exposições Gerais, insistem neste ponto. Em 1856, Porto-Alegre evocaria a ligação entre academia e imperador, ao procurar fortalecer-se diante das forças de oposição à reforma: "Os nossos inimigos são estriges que piam nas próprias ruínas e debaixo da noite que os envolve e os faz sonhar em triunfos impossíveis: o Imperador está conosco e com ele a paternal influência de sua poderosa realidade e de seu ministro, que para nós tem sido um verdadeiro mecenas" (Cf. Ata da Sessão Pública da Academia de 28/11/1856, documento inédito que se encontra no arquivo da Academia, hoje no Museu D.João VI, Universidade Federal do Rio de Janeiro). Oito anos mais tarde, o discurso do então diretor Thomaz Gomes dos Santos também faz menção a esta "aliança" entre imperador e academia: "Todos nós sabemos que V.M. Imperial não vê nas produções da arte meras criações do engenho destinadas aos deleites dos sentidos, mas um dos mais poderosos incentivos do progresso humanitário, um dos mais ativos promotores dos nobres sentidos dos impulsores mais valentes do amor à Pátria. Esta apreciação dos destinos da arte será o nosso norte.[...] preparai-vos para transmitir aos vindouros essa memória gloriosa, e vossas obras de arte serão ao mesmo tempo grandes obras de patriotismo." (Cf. Ata da Sessão Pública da Academia de 05/05/1864, *idem*).

13. A identificação do artista com a idéia fundamental de uma aproximação entre governo e academia pode ser ainda reforçada por sua estreita ligação com o idealizador da reforma, seu futuro sogro Manuel Araújo Porto-Alegre.

formas concretas que esse projeto adquiriu ao longo dos mais de 30 anos que separam a Reforma Pedreira da realização do quadro *Independência ou Morte!*.

Um primeiro universo iconográfico associado à figura de D. Pedro II começa a tomar forma nos anos que se seguiram à sua maioridade e ao estabelecimento de uma política mais definida em relação às artes. Essa produção visual voltava-se para a construção de imagens da nação – estreitamente associada à figura de D. Pedro II e da recém-fundada casa imperial – por alegorias capazes de evocar simultaneamente uma experiência da terra tropical brasileira e símbolos tradicionalmente associados à monarquia. Essa vasta iconografia, como bem mostrou Schwarcz, mesclava símbolos e objetos rituais da casa real portuguesa com elementos típicos da paisagem local: índios, abacaxis, folhas de café e tabaco, de forma a construir imagens evocativas da nação[14]. Assim, por exemplo, D. Pedro II apareceria, em uma litografia de cerca de 1840 (1), acompanhado por índios e divindades e, em 1869, novamente entre alegorias locais e européias como Defensor Perpétuo do Brasil (2)[15]. Esta iconografia inspirava-se em larga medida na tradição alegórica barroca, seguindo de perto o modelo estabelecido quase dois séculos antes na França por Luís XIV. Assim, tal qual o rei da França que aparecia em suas representações cercado por flores-de-lis e outros símbolos da nação francesa (4), Pedro II fazia-se retratar como rei tropical, incorporando atributos e alegorias da terra às representações do Império[16]. Percebemos, portanto, neste primeiro momento, uma certa identificação entre a iconografia do imperador, um gênero bem estabelecido na história da arte[17] ocidental, e o projeto nacionalista de D. Pedro II, levado adiante pela academia.

14. Lilia Schwarcz, *op. cit.* A autora, apoiando-se grandemente na produção literária da época, identifica, apressadamente a meu ver, esta iconografia com sentimentos românticos, não a diferenciando, por exemplo, de quadros como *Moema* (1866) ou *A Primeira Missa* (1860), ambos de Vítor Meireles), esses, sim, correspondendo a um "espírito romântico" propriamente dito. No meu entender, a iconografia mais diretamente vinculada à figura do imperador e às imagens do Império tem uma estreita relação com fontes barrocas, vale dizer, com o universo iconográfico associado ao rei Luís XIV.

15. As duas gravuras encontram-se hoje na Biblioteca Nacional.

16. A iconografia do Rei Sol tornou-se uma fonte importante para a iconografia da nobreza européia, incluindo Portugal. Deste ponto de vista, podemos afirmar que Pedro II não estabelece, neste momento, nenhum novo padrão formal na pintura por seu mecenato. Isto pode ser comprovado pelo estudo da iconografia anterior ao Segundo Reinado, como, por exemplo, nos trabalhos de decoração de Debret para o Bailado Histórico.

17. Os quadros históricos anteriores à década de 1870 retratam, em sua vasta maioria, os grandes acontecimentos da corte: a aclamação do rei, a chegada da futura rainha, a coroação etc.

3. D. Pedro na Abertura da Assembléia Geral
Pedro Américo, 2,88 x 2,05 m, 1872
Museu Imperial de Petrópolis

4. Luís XIV
Hyacinthe Rigaud, 2,77 x 1,94 m, 1701
Louvre

Tal padrão iconográfico que norteou a produção acadêmica nas primeiras décadas do Segundo Reinado, quando a preocupação fundamental do imperador e da academia era criar alegorias que evocassem ao mesmo tempo a grandeza e a singularidade da nova nação, será substituído por outro a partir da década de 1970, impulsionado pelo advento da Guerra do Paraguai.

Lilia Schwarcz[18] chama a atenção para a mudança de atitude do próprio imperador no momento em que estoura a guerra. D. Pedro II desloca-se pessoalmente para a região de conflito e acompanha de perto o desenvolvimento dos acontecimentos. Vestindo seu uniforme militar, ele passa a assumir a atitude de "rei guerreiro", para usar novamente as palavras da autora, identificando-se com a ambiciosa postura expansionista de Napoleão. Na verdade esta nova atitude do imperador inicia um processo importante de mudança na característica das imagens que servirão de substrato para a construção do imaginário nacional. Se é verdade, como procura nos mostrar Schwarcz, que o primeiro ano da Guerra do Paraguai põe em evidência a imagem de um "rei guerreiro", aos poucos podemos observar um deslocamento do imaginário nacional da figura do imperador em direção aos heróis nacionais postos em evidência por seus atos de coragem e liderança durante a guerra. Neste ponto, estamos de acordo com Schwarcz, quando ela afirma que "a Guerra do Paraguai representa o apogeu e o começo da decadência de D.Pedro"[19]. A partir deste momento, o imperador abandonaria aos poucos a cena de seu próprio teatro e, ainda que continuasse acalentando o mesmo projeto nacionalista, não se situaria mais como uma figura central nesse processo[20]. As cenas de batalha, que se tornariam a nova fonte de imagens evocativas do Brasil, faziam exigências inéditas à estrutura formal dos quadros oficiais produzidos pela academia: impuseram a substituição do modelo alegórico por um modelo organizado a partir do princípio da ação, vale dizer, narrativo.

O Brado do Ipiranga

Enquanto a iconografia do imperador (associada a símbolos da terra) constituía o substrato primeiro para a produção do imaginário nacional, a questão da ação, em seu desdobramento temporal, não se fazia premente, uma vez que a legitimação da figura do imperador não se dava tanto por seus

18. *Op. cit.*

19. *Op. cit.*, p. 295.

20. Schwarcz descreve muito bem esse processo, ao acompanhar a transformação de D.Pedro II em um "rei cidadão" ao longo do último período do Império.

atos, mas por sua condição de nascimento. Uma nova lógica, no entanto, passaria a sustentar a produção pictórica a partir dos anos setenta: não mais a lógica do *nome*, mas a do *feito glorioso*.

No momento em que os grandes feitos ligados à Guerra do Paraguai passaram a substituir a figura do imperador e de seus atributos como substrato para a elaboração de um imaginário nacional, foi necessário recorrer a um tipo diferente de imagem capaz de dar expressão a esses feitos que, por sua própria natureza, exigiam uma estrutura narrativa. Este novo modelo foi encontrado, novamente, na pintura acadêmica francesa, porém não mais na tradição do rei absolutista, mas na iconografia associada à figura de Napoleão Bonaparte. Esta resgatara o edifício conceitual desenvolvido por Charles Lebrun, adaptando-o à representação de acontecimentos históricos contemporâneos[21]. Tal ampliação, ou, melhor dizendo, transformação do conceito de pintura histórica, forneceu os moldes para a construção de imagens adaptadas a uma "história dos grandes vultos", tal como ela aparece também na historiografia do mesmo período. É a esse modelo iconográfico que se liga o projeto da construção de um imaginário nacional brasileiro, após a Guerra do Paraguai. Não mais o imperador mas as batalhas e seus heróis passam a povoar as cenas patrióticas dos quadros oficiais. É este também o universo imediato no qual se insere a obra *Independência ou Morte!*, de Pedro Américo. Como veremos, ainda que o quadro seja uma representação de D. Pedro I e, portanto, do primeiro rei do Brasil, a lógica da imagem encontra-se bastante distante daquela que marcou as primeiras décadas do Segundo Reinado, quando apenas a *presença* do imperador com seus atributos era o suficiente para servir de suporte à construção de um imaginário especificamente brasileiro. Ao contrário, Pedro Américo apresenta D. Pedro I como um *herói*, explicitando na obra a grandeza de sua *ação*[22]. Dito isto, passemos à análise do quadro.

---

21. É importante lembrar aqui que para Charles Lebrun, o primeiro diretor da Academia Francesa, fundada em 1648 sob o reinado de Luís XIV, a representação direta de um acontecimento contemporâneo destituía a composição de seu caráter universal, transformando-a em simples crônica. Desta forma, os grandes feitos de Luís XIV eram sempre apresentados transvestidos em um evento da história clássica (ver, entre outras, a apresentação do rei como Alexandre o Grande na célebre pintura de Lebrun *O Reino da Pérsia aos pés de Alexandre o Grande*). Napoleão, por sua vez, rompe com esta tradição e, em suas pinturas oficiais, faz-se retratar em trajes contemporâneos. Isso significou uma transformação profunda do campo da pintura histórica, que, ao secularizar-se, deu vazão a uma espécie de culto a personalidades individuais desconhecido do século XVII.

22. Esta questão torna-se mais evidente, quando comparamos o quadro aqui em questão com a tela *Proclamação da Independência*, de François-René Moreaux, pintada em 1844. Neste último, como ainda veremos, D.Pedro I não é apresentado como um herói, mas como o consumador de um ato de caráter divino.

O Quadro

Como o próprio título *Independência ou Morte!* sugere, a tela representa o momento em que D. Pedro I, levantando sua espada, proclama, no alto da colina do Ipiranga em São Paulo, em 7 de setembro de 1822, a Independência do Brasil. A composição apresenta uma organização rigorosamente geométrica. Dois grandes semicírculos, que evoluem respectivamente do centro da tela para a direita e para a esquerda, reencontrando-se novamente no ponto em que o eixo central tange o limite inferior da mesma, fornecem o esquema básico a partir do qual se dá a distribuição das figuras e demais elementos no quadro. Deslocado ligeiramente para a esquerda, em segundo plano, vemos D. Pedro I, levantando sua espada, em ato simbólico de rompimento dos laços que uniam o Brasil a Portugal, seguido por cavaleiros de seu séquito, que saúdam o gesto acenando com chapéus e lenços[23]. Ao final do séquito, duas figuras chegam a galope sobre seus cavalos. Voltados em direção ao espectador, eles marcam o início do percurso descendente da estrada, que delineia o semicírculo à esquerda. Ao longo desta, acompanhando a diagonal, vemos um caipira deter-se com seu carro de boi para observar a cena histórica que toma lugar no ponto mais alto da colina. Sua função retórica no quadro é evidente: ela é a figura de identificação do observador, tanto por sua posição, quanto por seu tamanho e proximidade[24]. Através de seus olhos, voltados para D. Pedro, participamos do momento representado. É ela quem determina o ponto de vista do observador, contribuindo assim para a interpretação heróica que Pedro Américo procurou fornecer do evento e que marca, como dissemos, sua pertença a uma segunda geração de pintores acadêmicos.

O Brado do Ipiranga

23. Neste grupo de figuras encontram-se vários retratos. Pedro Américo cita os seguintes personagens históricos como companheiros de D.Pedro I: "[...] Joaquim Maria da Gama Freitas Berquó, João Carlota, João de Carvalho Raposo, Francisco Gomes da Silva e, provavelmente, o guarda-roupa João Maria da Gama Freitas Berquó, depois marquês de Cantagalo, o padre Melchior Pinheiro, o brigadeiro Manoel Rodrigues Jordão, e alguma outra pessoa atraída pela curiosidade ou pelo desejo de obsequiar o príncipe" (Cf. "O Brado do Ipiranga ou a Proclamação da Independência do Brasil", neste mesmo volume, p.16).

24. A função de tais figuras retóricas, que introduzem o observador no quadro, é teorizada desde o Renascimento. Alberti alertara para a importância da mesma em seu livro *De Pictura*: "Em primeiro lugar, todos os corpos devem movimentar-se de acordo com o que está disposto na história. Agrada-me que nela haja alguém que nos advirta e nos mostre o que está ocorrendo, ou nos acene com a mão para ver, ou ameace com a fisionomia irritada e com os olhos perturbados, para que ninguém se aproxime, ou aponte para algum perigo ou coisa admirável, ou nos convide a chorar junto com ele ou rir" (Alberti, *Da Pintura*, Campinas, Editora da Unicamp, 1992, p. 115).

Tal função explicita-se quando comparamos nosso quadro com a *Proclamação da Independência* (1844), de François-René Moreaux (5), hoje no Museu Imperial de Petrópolis. Nele, vemos D. Pedro I, no centro, acenando com seu chapéu e rodeado por figuras do povo. À semelhança de imagens como a *Sagração de D. Pedro II* (1844), do mesmo autor (6), e tantas outras do período pré-Guerra do Paraguai, vemos aqui uma tentativa de legitimar o governo monárquico por meio de um ato divino[25]. Tanto o príncipe, quanto várias das figuras que o acompanham dirigem seus olhares para o céu, de onde desce um raio de luz que ilumina a cena. Moreaux apresenta D. Pedro como o consumador de uma vontade divina. Nesta representação não está em jogo a sua habilidade política, tampouco o perfil de seu caráter ou sua capacidade de liderança. A imagem enfatiza o evento em sua ligação com a providência divina, diminuindo com isso o tom heróico e voluntarioso da figura do príncipe e reafirmando a legitimidade dos herdeiros da casa de Bragança ao trono do futuro reino tropical.

Pedro Américo, por sua vez, procura ver em D. Pedro I o equivalente de um Napoleão[26]. O artista apresenta-o como um estadista determinado, que não mede o custo dos sacrifícios necessários para a realização de seu ideal[27], elevando-o tão-somente, pela coragem de seu ato, acima da posição ocupada pelos homens comuns[28]. Na composição propriamente dita, a representação de sua grandeza concretiza-se pelo desnível (real e simbólico) criado pelo artista entre nossa figura de identificação e o príncipe. O simplório caipira (e com ele, nós também) vê-se forçado a voltar seu olhar para o alto a fim de enxergar D. Pedro, que, por sua vez,

25. Refiro-me aqui à própria lógica de legitimação dos sistemas monárquicos europeus, os quais fundamentavam seu poder temporal num direito divino ao trono.

26. Como veremos adiante, a representação de D.Pedro I no quadro de Pedro Américo aproxima-se bastante daquelas de Napoleão Bonaparte e de Napoleão III, criadas por Meissonier algumas décadas antes (7 e 8).

27. Um equivalente pictórico da descrição dada por Pedro Américo do ato da proclamação em seu texto "O Brado do Ipiranga ou a Proclamação da Independência do Brasil": "[...] Apenas os leu [os documentos trazidos pelos seus mensageiros], como que concentrou-se D.Pedro num desses pensamentos cuja impetuosa evolução mal cabe no curto lapso de tempo que medeia entre dois instantes quase consecutivos da mesma impressão moral. Depois olhou para seus companheiros de viagem, e disse comovido: 'Tantos sacrifícios pelo Brasil... e entretanto não cessam de cavar a nossa ruína!'. Então expande a fisionomia, acende o brilho dos olhos, e, como se houvera descoberto o talismã da futura grandeza da sua pátria adotiva, puxa pela espada e grita resolutamente: '*Independência ou Morte!*'". (cf. neste mesmo volume, p. 17)

28. Em outras palavras, refiro-me aqui a um processo de secularização da figura do monarca.

5. Proclamação da Independência
François-René Moreaux, 2,44 x 3,83 m, 1844
Museu Imperial de Petrópolis
Fotografia de Rômulo Fialdini

mais se assemelha a uma estátua eqüestre[29], em sua atitude pomposa e um tanto artificial. Eis também o porquê de D. Pedro encontrar-se em segundo plano e apresentar-se menor que a figura do caipira (ou dos soldados em primeiro plano). Só assim foi possível ao artista estabelecer a hierarquia entre as figuras, necessária para a visualização de sua interpretação da história[30].

A qualidade heróica de D. Pedro, no entanto, não é só visível no desnível entre soberano e súditos que Pedro Américo estabelece na tela, mas é acima de tudo apresentada através da *estrutura narrativa* da composição. Como dissemos anteriormente, um herói define-se unicamente por uma ação heróica, e é esta idéia – essencial à lógica das cenas de batalha típicas das últimas duas décadas do Império – que serviu de princípio organizador da imagem da independência criada pelo artista. Lançando mão dos princípios clássicos que regiam, segundo a tradição da academia francesa, a composição de uma pintura histórica, Pedro Américo conta-nos a história de um ato de bravura, legitimando somente por esta ação heróica o direito do príncipe à posição de líder da nação brasileira. Acompanhemos, portanto, o desenvolvimento visual desta narrativa:

Frente a frente com D. Pedro I, um pouco acima do riacho que marca a "barreira estética"[31] do quadro, encontramos um cavaleiro da sua Guarda de Honra, que, dando as costas ao espectador, responde ao brado do príncipe arrancando de sua farda o laço vermelho e azul que simbolizava a união entre a colônia e sua metrópole. O eixo formado por estas duas figuras constitui o núcleo discursivo básico a partir do qual a temática se desenvolve no quadro. O guarda de honra ocupa o centro da tela e serve como elemento de articulação entre as duas metades da composição. Este papel mediador é acentuado ainda pelo movimento brusco que ele impinge a seu cavalo, inclinando-o bruscamente para a direita a fim de alterar sua direção[32].

29. A estátua eqüestre possui ela mesma uma longa tradição iconográfica, que remonta à famosa estátua eqüestre do imperador romano Marco Aurélio realizada no segundo século d.C., tradição essa intimamente associada à iconografia de reis.

30. É desnecessário reiterar aqui que tal visão de história encontrava-se em plena concordância com a missão patriótica que D.Pedro II atribuía às artes.

31. Termo técnico usado para designar o limite inferior da tela.

32. Vale notar aqui que, ao compor o quadro, Pedro Américo explicita seu diálogo com a pintura francesa. O cavaleiro da Guarda de Honra, que se encontra no centro da tela, apóia-se sem dúvida, especialmente no que diz respeito à resolução visual do seu movimento, nas representações eqüestres de Jacques-Louis David e Géricault. Refiro-me aqui mais especificamente aos quadros *Napoleão Cruzando os Alpes* (1800), de David (16), e *Um Oficial dos Chasseurs* (1812), de Géricault (15). Este último quadro será literalmente citado pelo artista em sua *A Batalha do Avaí*, na figura de um oficial que empina seu cavalo atrás do grupo principal, na extrema esquerda do quadro.

6. O Ato de Coroação do Imperador D. Pedro II
Óleo de François-René Moreaux, 2,38 x 3,10 m, 1844
Museu Imperial de Petrópolis

Desenhando um semicírculo à direita do quadro, vemos a guarda de D.Pedro, que, tomada de surpresa pela chegada inesperada do príncipe, procura rapidamente montar em seus cavalos e entrar em formação. Pedro Américo impingiu grande movimento à massa de figuras que compõem esta metade da tela, procurando caracterizar a ansiedade e a tensão que precederam a proclamação de Independência, assim como o entusiasmo com que ela foi recebida. Em termos da leitura da obra, este grupo ocupa um papel fundamental, servindo como desdobramento dos dois pólos narrativos criados pela justaposição da figura de D. Pedro e do soldado ao centro. Assim temos o seguinte percurso de leitura: nossa identificação inicial com a figura do caipira à esquerda nos introduz na cena e seu olhar nos remete para o grupo de D. Pedro I e sua comitiva. A partir deste grupo, estabelece-se, pelo posicionamento frente a frente do príncipe e de seu guarda de honra ao centro (de costas para o espectador) um pólo narrativo, que se desenvolve a seguir ao longo do semicírculo formado à direita pelos demais soldados. Neste sentido é de se notar como o movimento desta massa de figuras transporta o observador paulatinamente do momento do brado, propriamente dito, de D. Pedro: *Independência ou Morte!*– que é saudado euforicamente com o desembainhar das espadas da guarda – para sua conseqüência, a saber, o rompimento com Portugal, representado no gesto simbólico dos soldados que arrancam os laços de suas fardas na parte inferior da tela [33].

Vemos, portanto, representado o desfecho dramático de um acontecimento histórico, concebido como o resultado da bravura de um só homem, o qual, com o seu exemplo, fundaria uma nova ordem política e moral. Esta nova ordem, por sua vez, também já se encontra aqui esboçada, correspondendo de perto aos ideais da elite do Império e às idéias do próprio imperador D. Pedro II. A composição deixa vislumbrar uma estrutura piramidal de poder, na qual a noção de soberania nacional encontra-se associada à preservação de uma elite política e intelectual, sob a liderança de um soberano decidido e forte e apoiada por um exército poderoso, honrado por vitórias e fiel ao comando desta elite [34]. Nesta estrutura, o "povo brasileiro" –

33. Aqui também a narrativa se desdobra em dois momentos: o primeiro, representado pelo soldado montado sobre o cavalo branco à direita do eixo central da tela, que arranca seu laço vermelho e azul, seguido pelo ato mais efusivo do soldado ao centro, que atira o laço ao chão.

34. A presença efetiva do Exército na política do Império e seu correspondente espaço no imaginário da nação dilata-se de forma significativa durante e após a Guerra do Paraguai.

7. Batalha de Friedland (Detalhe)
Ernest Meissonier, 1,44 x 2,52 m
Metropolitan

8. Napoleão III na Batalha de Solferino
Ernest Meissonier, 44 x 76 cm, 1863, Louvre

representado no quadro pelo caipira e por outras duas figuras marginais à esquerda[35] – não teria qualquer papel ativo a desempenhar, depositando, no entanto, de bom grado seu destino nas mãos do soberano da nação (no quadro sua posição de espectador e admirador do evento é evidente).

Os recursos usados por Pedro Américo para compor uma imagem convincente da independência do Brasil, que veiculasse ao mesmo tempo os ideais de nação construídos ao longo do Segundo Reinado, não terminam aqui. As referências constantes a imagens de Napoleão, encontradas na pintura oficial francesa do século XIX[36], também contribuíram para reforçar a imagem heróica de D. Pedro I construída por Pedro Américo na tela. Já há bastante tempo reconhece-se, por exemplo, uma das fontes privilegiadas do *Independência ou Morte!* nas telas de batalha de Ernest Meissonier[37]. De fato, o artista estudou detalhadamente quadros como a *Batalha de Friedland* (1875)[38] (7), ou o célebre *Napoleão III na Batalha de Solferino* (1863) (8) e não há como negar a semelhança entre os traços essenciais dessas duas obras e a tela aqui em questão. Um dos princípios básicos da composição de Pedro Américo: o confronto da majestade de D. Pedro I com a agitação dos soldados à direita, assemelha-se muito à estrutura da *Batalha de Friedland*[39]. Reportando-se desta forma ao já bem estabelecido "mito" Napoleão[40], o artista transportava suas qualidades de estadista para o perfil que delineava de D. Pedro I. As ambições de expansão territorial em jogo no conflito com o Paraguai, as-

O Brado do Ipiranga

35. É interessante notar ainda a total ausência de negros nesta representação da independência. Possivelmente o caipira pode estar sendo usado como símbolo do trabalho livre. Vale lembrar que o quadro foi pintado depois da abolição da escravatura no Brasil.

36. Como já dissemos acima o modelo de pintura histórica da era de Napoleão serviu de base, por assim dizer, ao novo universo de pinturas históricas produzidas pela Academia Imperial, após a Guerra do Paraguai. Como ainda veremos, Pedro Américo utiliza este princípio composicional em uma grande parte de seus quadros desse período, especialmente em suas cenas de batalha.

37. Em 15/11/1982, o jornalista Élio Gaspari da revista *Veja* acusa Pedro Américo de plágio do quadro *Batalha de Friedland* de Meissonier na composição do *Independência ou Morte!*. De fato Pedro Américo usou este e outros quadros do artista francês como referência para sua composição, porém, acusá-lo de plágio é não compreender os pressupostos de sua arte.

38. Batalha comandada por Napoleão I em 1807. O quadro encontra-se hoje no Museu Metropolitan de Nova York.

39. Também no quadro de Meissonier os soldados estão desembainhando suas espadas diante de seu líder, no caso, Napoleão.

40. É importante ressaltar aqui que o modelo de pintura histórica inaugurado na era de Napoleão Bonaparte foi adotado também na pintura oficial ligada a Napoleão III.

9. O Encontro de Leão X e Átila
Rafael, 1512/1514, quarto de Heliodoro
Vaticano

sim como a vitória do Brasil, forneciam o suporte necessário para esses paralelos.

Apesar disso, há diferenças notáveis entre as composições de Pedro Américo e Meissonier. Nosso artista faria menos concessões que este último à descrição detalhada do fato histórico, tal como ele vinha sendo popularizado na França após o início da monarquia liberal de Luís Filipe[41]. Sua composição é equacionada em cada detalhe, denotando a busca de um equilíbrio estável entre os diversos elementos da obra, a fim de gerar uma forte impressão de unidade. Enquanto, no seu *Napoleão III...* (8), Meissonier produz uma imagem que, por assim dizer, simula uma fotografia instantânea do real[42] – notem-se, por exemplo, os cortes nas figuras da extrema lateral à esquerda do quadro – no *Independência ou Morte!*, cada figura é cuidadosamente composta de maneira a encontrar seu lugar próprio e confortável no agrupamento maior da cena, formando um conjunto disposto de forma claramente "legível" para o observador[43].

Neste ponto, vemos Pedro Américo voltar-se para outras fontes, reafirmando os valores da tradição acadêmica na qual ele se formara. Aqui vale arriscar, por exemplo, uma aproximação entre o *Independência ou Morte!* e uma das pinturas de Rafael, realizadas no famoso quarto de Heliodoro no palácio do Vaticano, representando *O Encontro de Leão X e Átila* (1512-1514), especialmente no que se refere à distribuição e articulação das figuras no espaço (9). O movimento dos dois cavalos à direita da pintura de Rafael, postos em contraste com a atitude serena do Papa, assemelha-se bastante à solução encontrada por nosso artista[44]. É justamente este aspecto cuidadosamente composto, nada acidental, do quadro, que aponta para a clara intenção de Pedro Américo de veicular, para além do fato histórico, ideais patrióticos, que, como vi-

O Brado do Ipiranga

41. Ver neste mesmo volume a minha análise do texto "O Brado do Ipiranga" de Pedro Américo, em que eu discuto em maiores detalhes os fundamentos teóricos de sua pintura.

42. Sobre a relação de Ernest Meissonier com a fotografia ver: Alain Sayag, "Meissonier et la photographie", em *Ernest Meissonier Retrospective*, Lyon, Musée des Beaux-Arts, 25/03 a 27/06 de 1993 (Catálogo).

43. Outra diferença importante a ser notada diz respeito à dimensão dessas obras. Enquanto Meissonier pintava quadros de temas históricos em dimensões de pintura de cavalete (o seu *Napoleão III...* mede apenas 44 X 76 cm), desprezando a vocação ostentativa do gênero. Pedro Américo, ao contrário, buscava dar a suas obras a maior dimensão possível. Seu quadro *Independência ou Morte!* mede, por exemplo, 4,15 X 7,60 m e *A Batalha do Avaí* nada menos que 5 X 10 m.

44. Cardoso de Oliveira menciona explicitamente a admiração de Pedro Américo por Rafael e Michelangelo: "Foi seu modelo predileto o divino Rafael Sâncio, e Miguel Ângelo tornou-se objeto de suas incansáveis contemplações estéticas", *op. cit.*, p. 39.

10. A Primeira Missa no Brasil
Vítor Meireles, 2,68 x 3,56 m, 1861
Museu Nacional de Belas-artes, RJ

mos cabiam exemplarmente no contexto da relação entre a academia e o imperador[45].

Ainda um último aspecto do quadro *Independência ou Morte!* merece menção, no que diz respeito à sua vinculação ao projeto acadêmico de construção de um imaginário especificamente brasileiro. Se nas primeiras décadas do Segundo Reinado, existia um movimento de caracterização do contexto nacional pela inclusão de atributos específicos que remetessem ao universo exótico dos trópicos (procedimento que se coadunava perfeitamente com a lógica das imagens oficiais produzidas então), após a Guerra do Paraguai, abandona-se esta estratégia em prol da construção de uma atmosfera, que pontuasse o contexto brasileiro sem que fosse necessário recorrer a atributos. Esta nova estrutura visual aparece pela primeira vez na obra de Vítor Meireles, ainda na década de 1960, mais especificamente em seus quadros *A Primeira Missa no Brasil* (1861) (10) e *Moema* (1866) (11), nos quais não existe mais a referência pontual ao mundo exótico tropical, mas este mundo é apresentado como o próprio cenário da narrativa[46]. O mesmo ocorre no quadro de Pedro Américo, no qual podemos notar uma sobreposição de sentimentos patrióticos às qualidades específicas da paisagem paulista. Há uma dramaticidade, encenada nos acidentes do terreno, que associa claramente o sítio ao acontecimento histórico representado[47] e, por sua vez, a caracterização da atmosfera local, construída essencialmente pelo trabalho com a cor, fornece o tom psicológico no qual tal aconte-

O Brado do Ipiranga

45. Vale lembrar que o quadro foi pintado no ocaso do Império, quando D.Pedro II e toda a velha estrutura de Estado tornaram-se alvo de intensas críticas e mesmo de ridicularização. A seriedade com que Pedro Américo apresenta sua imagem da vinculação essencial entre Império e Nação, nesse contexto, denota o nível de envolvimento de artistas acadêmicos como ele na propaganda oficial do Império.

46. A busca da representação de sentimentos nacionais através da própria paisagem e do colorido local tem raízes no movimento romântico, que passou a compreender a paisagem como veículo de expressão de sentimentos subjetivos. Refiro-me aqui, por exemplo, às paisagens sublimes de Caspar David Friedrich.

47. Pedro Américo fez modificações significativas na situação geográfica da colina do Ipiranga, visando conseguir tal efeito expressivo. Essas modificações evidenciam-se, por exemplo, quando comparamos o quadro com um desenho que M. Dutra fez do sítio (cf. Pedro Correia do Lago, *Iconografia Paulista do Século XIX*, São Paulo, Metalivros, 1998, p. 131). Sobre a questão diz, por sua vez, o próprio artista: "Para satisfazer o geral desejo de ver representado o célebre riacho do Ipiranga – o qual na realidade passaria à distância de alguns metros atrás de quem observa o painel –, forcei a perspectiva pintando um simulacro de corrente aos pés dos cavaleiros do primeiro plano. Desculpe-me o público essa quase insignificante violência à topografia, considerando a necessidade de consagrar na pintura a idéia do ribeiro cujo nome tão intimamente ligou-se ao glorioso fato da nossa emancipação política" (cf. "O Brado do Ipiranga ou a Proclamação da Independência do Brasil", reproduzido neste volume, pp. 26-27).

11. Moema
Vítor Meireles, 1,29 x 1,90 m, 1866
Masp

cimento deveria ser recebido[48]. Assim, os elementos típicos da paisagem brasileira: a vegetação, o casebre, os nativos, tornam-se essenciais à interpretação do acontecimento histórico como evento intrinsecamente vinculado à terra e a seu destino como nação. Ocorre nesta passagem uma estreita aproximação entre natureza e história, que contribui grandemente para a retórica do quadro.

Por meio de tantos artifícios, Pedro Américo conseguiu produzir uma imagem de grande apelo patriótico na qual, outra vez, tornava-se protagonista o rei. Interessante, no entanto, é notar a distância existente entre essa representação e as imagens oficiais criadas no começo do Segundo Reinado. Ao final do Império, com o imaginário nacional estruturado a partir de um modelo que tinha como núcleo a figura do herói, o rei não poderia mais se impor puramente por sua presença, mas apenas assumindo ele também um papel heróico. Secularizou-se o monarca e desmontou-se o seu teatro. Não por acaso estamos às portas da República[49].

O Lugar do *Independência ou Morte!* na Obra de Pedro Américo: Apontamentos sobre a Adesão do Artista ao Projeto Patriótico do Imperador

O quadro da *Independência* ocupa ainda um lugar preciso dentro da produção de Pedro Américo como um todo. Observando atentamente as várias representações de cenas de batalha que se sucederam ao longo de sua carreira – começando com *A Batalha de Campo Grande*, em 1871 (12) e passando pela sua famosa representação de *A Batalha do Avaí* (1877) (14) – percebemos que, aos poucos, ele desenvolve uma espécie de esquema composicional que será utilizado como base para a realização de vários de seus quadros históricos, entre os quais o próprio *Independência ou Morte!*. Sendo que este percurso formal do artista é central para compreendermos sua inserção nos debates artísticos de então, ela será examinada de perto a seguir. Procuraremos revelar uma dimensão, por assim dizer,

O Brado do Ipiranga

48. O uso da cor apresenta-se como um meio efetivo de estabelecimento da unidade composicional do quadro e espelha o estudo detalhado que Pedro Américo fez de pintores como Delacroix e Géricault, de artistas *juste milieu*, como Meissonier, Henri Regnault (1843-1871), mas também de pintores belgas e holandeses, como Edouard Bièfve (1808-1882), Louis Gallait (1810-1887) e Jan Willem Pieneman (1779-1853), o qual pintou sua importante *A Batalha de Waterloo* em 1824.

49. O modelo de imagens oficiais produzidas durante os últimos anos do Império receberá continuidade durante os primórdios da República. Ao retirar-se do centro das imagens patrióticas a partir da década de 1870, D. Pedro II contribuía, sem saber, para a desmontagem do teatro da corte que, por sua vez, era um dos sustentáculos do sistema monárquico.

programática do quadro *Independência ou Morte!*, que, a nosso ver, origina-se na reação do artista à famosa polêmica gerada pela exposição conjunta de seu quadro *A Batalha do Avaí* e de *A Batalha de Guararapes* de Vítor Meireles na exposição geral da academia em 1879[50].

Quando Pedro Américo concebeu seu primeiro quadro de batalha em 1871[51], ele lançou mão, em larga medida, das lições que aprendera com sua cópia de *A Balsa da Medusa* (13) de Théodore Géricault. Assim, à maneira do artista romântico, ele adotou no quadro uma estrutura piramidal que permitisse intensificar o sentimento de tensão envolvido no episódio representado[52]. Nesta obra tudo se agita e, se não fosse pelo arranjo dos três cavalos que ocupam o centro do quadro e elevam o conde D'Eu acima da cena de batalha propriamente dita, este se veria completamente submerso na turbulência da luta[53]. Em seu conjunto, a composição era engenhosa e foi muito discutida nos meios intelectuais da época. Com o sucesso deste seu primeiro quadro histórico, o artista ganhou renome como pintor do gênero e, já em 1872, foi procurado pelo ministro do Império com a encomenda de um quadro de batalha de grandes dimensões.

Em 1873, portanto, Pedro Américo embarca para a Europa com o objetivo de realizar *A Batalha do Avaí* (14), lá permanecendo até terminar a obra em 1877. Como já vimos, Meissonier, que havia pintado seu *Napoleão III na Batalha de Solferino* (7), em 1863, realiza, em 1875, a *Batalha de Friedland* (8), usando composições bastante semelhantes. A partir destas duas pinturas, que Pedro Américo certamente estudou em detalhe, nosso artista desenvolve para *A Batalha do Avaí* um esquema composicional básico que ele passará a

---

50. Sobre a Exposição Geral de 1879, consultar Donato Mello Jr., na *Revista do Instituto Histórico e Geográfico Brasileiro*, *op. cit.*, especialmente pp. 317-328. Ver ainda, do mesmo autor, *Pedro Américo de Figueiredo e Melo 1843-1905: Algumas Singularidades de sua Vida e de sua Obra*, Rio de Janeiro, Pinakotheke, 1983.

51. Sua decisão de pintar um quadro histórico certamente está associada ao fato de ele ter, entre 1870 e 1871, substituído Vítor Meireles, por algum tempo, na cadeira de Pintura Histórica da Academia de Belas-artes.

52. A composição piramidal tem uma longa trajetória dentro da tradição de pintura histórica; já Giovanni Paolo Lomazzo (1538-1600) apontava para as possibilidades de expressão de movimento dada por esta forma composicional (cf. Hubertus Kohle, *Ut Pictura poesis non erit. Denis Diderots Kunstbegriff*, Zurique, Hildesheim e Nova York, Georg Olms, 1989, p. 27). Também G.E.Lessing (1729-1781) faz uma menção ao "aguçamento em pirâmide", encontrado no grupo do *Laocoonte*, "tão agradável aos olhos" (cf. Lessing, *Laocoonte: Ou sobre as Fronteiras da Pintura e da Poesia*, tradução, introdução e notas de Márcio Seligmann-Silva, São Paulo, Iluminuras, 1998, p. 120).

53. O grupo dos três cavaleiros ao centro do quadro de Pedro Américo deriva da disposição dos três homens que formam o topo da pirâmide no quadro de Géricault.

12. A Batalha de Campo Grande
Pedro Américo, 3,32 x 5,30 m, 1871
Museu Imperial de Petrópolis

empregar em suas subseqüentes cenas de batalha, e igualmente no quadro da *Independência*. Tal estratégia consistia em contrastar a majestade e a ausência de movimento do grupo principal – situado sempre em um sítio elevado em segundo plano – com a agitação das massas de soldados a lutarem. Esta organização das figuras permitia estabelecer visualmente na tela a idéia de uma hierarquia entre comandantes e comandados, ou seja, entre os que viam nos combates uma ciência da estratégia (e aqui Pedro Américo jogava, diretamente, com os mitos criados em torno de Napoleão Bonaparte) e situavam-se, portanto, para além da concepção da batalha como experiência imediata, e aqueles que se entregavam cegamente à luta, confiando nas estratégias de seus líderes. Ela fornecia, em outras palavras, a estrutura ideal para uma narrativa histórica. A adoção desta estrutura formal nos seus quadros de batalhas que sucederam ao do *Avaí*, significava, portanto, a adesão de Pedro Américo ao projeto nacionalista da academia e de seus principais mecenas. Portanto, a explicitação de seu princípio composicional, ou, dizendo de outra forma, do caráter cuidadosamente composto de seus quadros, ocorre, a nosso ver, não apenas em conseqüência da experimentação do artista com o mesmo em diferentes temáticas, mas em certa medida em função de uma clara tomada de posição do artista diante do debate público sobre arte no final do Império. Procuremos esclarecer a questão.

Quando *A Batalha do Avaí* (14) foi exposta pela primeira vez, ao lado de *A Batalha de Guararapes* de Vítor Meireles, desenvolveu-se uma grande polêmica na imprensa que mobilizou posições acadêmicas e antiacadêmicas de forma inusitada. Estavam em jogo, no entanto, não só questões estéticas, mas, devido ao estreito vínculo entre academia e política imperial, também um confronto velado entre monarquistas e republicanos.

O debate público gerado em torno dos dois quadros foi impulsionado pelo posicionamento aberto da Academia Imperial de Belas-artes a favor de Vítor Meireles e pelo seu sutil ataque contra Pedro Américo, especialmente no parecer dado pela comissão julgadora da Exposição Geral, ao final do evento[54].

54. Segundo Carlos Roberto M. Levy, mesmo antes da abertura da mostra, "[...] a *Revista Ilustrada* recrimina a notória vinculação preferencial da Academia ao pintor Vítor Meireles, insinuando que haveria transferência da data de abertura da exposição geral em virtude de ainda não estar concluída *A Batalha de Guararapes*" (Levy, "A Exposição Geral de 1879 e a Crítica de Angelo Agostini (1843-1910)", *Revista Crítica de Arte*, *op. cit.*, p. 55).
O parecer da Comissão Julgadora foi o seguinte:
Sobre *A Batalha de Guararapes*: "é um quadro original de vasta dimensão, que mede uma superfície de 882 palmos quadrados, e que contém centenas de personagens, sendo as do primeiro plano de grandeza natural, e de forte proporção.

Pedro Américo, que havia muitos anos usava de sua influência junto ao imperador para conseguir longas dispensas de seus deveres de professor na academia, não era visto com bons olhos por vários de seus colegas. O fato de ele, além disso, ter buscado usar de suas influências para substituir definitivamente Vítor Meireles na cadeira de Pintura Histórica, para a qual ele se considerava mais bem preparado, tornara a sua situação naquela instituição bastante delicada[55]. A exposição lado a lado dos dois artistas trazia à tona, portanto, um velho conflito institucional, e o apoio integral da academia a Vítor Meireles significava muito mais do que uma aprovação de seus princípios estilísticos, uma tomada de posição política da mesma no sentido de enfraquecer a posição de Pedro Américo dentro da instituição.

A frieza com que a academia recebeu *A Batalha do Avaí* polarizou o apoio da crítica de arte antiacadêmica a Pedro Américo. Ao abrir-se um fórum de debate público sobre os dois quadros, as questões de política interna da instituição passaram, por assim dizer, para segundo plano, e os dois quadros foram recebidos como representantes de duas posturas estéticas antagônicas, o que gerou, como veremos, uma leitura bastante equivocada de *A Batalha do Avaí*. Desta forma, Pedro Américo, um dos artistas mais próximos do imperador e um dos maiores defensores de sua concepção utilitária de pintura, viu-se, paradoxalmente, usado nos ata-

O Brado do Ipiranga

Inteira concepção do assunto, unidade de composição, correção de desenho, colorido brilhante e harmonioso, efeito completo de perspectiva, em que sobressai a verdade das tintas quentes do céu dos trópicos, figuras bem concebidas, bem proporcionadas, notando-se-lhes a exatidão das expressões fisionômicas, panejamentos escolhidos e executados com aquele gosto e aquele talento que distinguem as obras dos mestres; e principalmente a tranqüilidade geral da composição tão recomendada por todos os grandes mestres, e tão difícil de conseguir em quadros de batalhas, são as qualidades principais desta obra capital; obra que só será devidamente adquirida quando com o correr dos tempos, e os progressos da nossa sociedade, souber o nosso público conhecer onde na arte reside o verdadeiro merecimento. [...] Sobre *A Batalha do Avaí* do Dr. Pedro Américo de Figueiredo e Melo, quadro de igual dimensão, e não menos trabalho que o precedente, a Comissão julga-se dispensada de emitir opinião, visto como já tem sido esta obra muito discutida e analisada; ela tem sem dúvida elevado merecimento, pois sem isso não conseguiria seu ilustre autor, como conseguiu, galvanizar o habitual indiferentismo do nosso público, e obter por ela do Governo Imperial uma recompensa pecuniária que honra a arte e o artista. Este fato pois denotando um juízo já feito sobre o valor da obra, justifica a classificação que do seu autor faz a Comissão." (Cf. *Revista Crítica de Arte*, *op. cit.*, p. 57).

55. Segundo Donato Mello Júnior (*Pedro Américo*, *op. cit.*), em 1870 Pedro Américo transfere-se da cadeira de Desenho para a recém-criada cadeira de História da Arte, Estética e Arqueologia. No mesmo ano, substitui Vítor Meireles na cadeira de Pintura Histórica, uma das mais prestigiosas da instituição. Essas mudanças denotam o crescente prestígio de Pedro Américo junto ao imperador e seu ministro, assim como sua ambição de poder. De fato, a encomenda de um quadro histórico sobre a Primeira Batalha de Guararapes foi dada pelo então ministro do Império, João Alfredo Correia de Oliveira, inicialmente a Pedro Américo. Tendo este escolhido um assunto mais contemporâneo, a Batalha do Avaí, passou-se a primeira encomenda a seu rival Vítor Meireles. É, portanto, possível dizer que, de certa forma, a intensa competição estabelecida entre os dois artistas envolvia muito mais do que uma disputa artística, mas relacionava-se com uma disputa de poder interna à própria instituição acadêmica.

13. A Balsa da Medusa
Géricault, 4,91 x 7,16 m, 1819

ques ferozes de críticos republicanos à academia e a seu patrono.

Nesse contexto, *A Batalha do Avaí* foi recebida, antes de tudo, como um quadro de um realismo brutal[56]. Gonzaga-Duque, um dos principais críticos de arte de sua época e ferrenho antiacadêmico aclamou a tela como uma das mais bem-sucedidas do pintor, justamente por ter visto nela um descaso de Pedro Américo com os valores tradicionais da academia. Após uma longa digressão sobre o aspecto cruelmente realista do quadro, Gonzaga-Duque completa:

"É por esta maneira de ver e de sentir que Pedro Américo nos oferece *A Batalha do Avaí*, que tão grande celeuma despertou na imprensa fluminense e tanta bulha lançou entre os críticos discípulos de Ch. Blanc[57]. Desenhador do movimento e não da linha, deu a seu quadro um brio magistral e triunfante. Estendeu quanto lhe foi possível a ação, partindo do primeiro plano onde há figuras pintadas com um vigor digno de mestre. E foi precisamente este vigor, esta independência de composição com que ele tratou o quadro que provocou a longa discórdia entre acadêmicos e inovadores.

O artista abandonou as cediças da composição acadêmica, e compôs o sujeito como melhor entendeu, para transmitir mais diretamente a impressão recebida. Para alguns constitui esse modo de proceder um imperdoável erro, porque é desprezar os mais austeros princípios da arte. Se, entretanto, indagarmos bem da causa que provoca a impersonalidade em artistas de cuidados estudos e de inteligências assinaladas, acharemos como causa fundamental esses austeros princípios da arte, que tanto preocupam os críticos convencionalistas"[58].

E, mais adiante conclui:

"Vê-se, claramente, que o movimento em um quadro de batalhas pode resultar do exagero, mas

O Brado do Ipiranga

56. Falando da recepção da obra, diz Donato Mello Júnior: "Quanto a Pedro Américo [...] observou-se em relação à *Batalha do Avaí* um certo exagero na dinâmica das diversas ações que constituem a composição, a crueza chocante das imagens e a existência do estilhaçamento da unidade da obra em diversos quadros isolados, tão autônomas se apresentam as diversas cenas".

57. Charles Blanc (1813-1882) escreveu seu *Grammaire des arts du dessin* em 1867, um manual para artistas que visava combater o pluralismo estilístico – nocivo a seu ver – que dominava a pintura histórica de sua época. No livro, ele procurava reafirmar os princípios básicos da doutrina acadêmica, acentuando o caráter ideal inerente a este gênero e combatendo as tendências realistas da pintura histórica de artistas como Meissonier ou Gérome (cf. Thomas Gaehtgens e Uwe Fleckner (orgs.), *Historienmalerei*, Berlim, Reimer, 1996).

58. Gonzaga-Duque, *A Arte Brasileira*, introdução e notas de Tadeu Chiarelli, Campinas, Mercado de Letras, 1995, p. 151 (Coleção de Arte Ensaios e Documentos).

14. A Batalha do Avaí
Pedro Américo, 5 x 10 m, 1877
Museu Nacional de Belas-artes, RJ
Fotografia de Raul Lima

nunca da ordem estabelecida entre o contraste das figuras, entre si, e dos grupos, como pretendem impor os acadêmicos"[59].

Não só Gonzaga-Duque posiciona-se a favor de Pedro Américo, mas também outros críticos da instituição acadêmica, como Angelo Agostini – ele mesmo artista, caricaturista, jornalista e ferrenho republicano (17) – saíram em defesa do quadro, elogiando-o em detrimento da obra de Vítor Meireles:

"Dá-se um fato singular, extraordinário atualmente no Rio de Janeiro, a cidade dos bocejos longos e dos Fagundes curtos de inteligência: discute-se belas-artes. E discute-se com paixão, encarniçadamente na imprensa, nos teatros, nos cafés, nas palestras familiares, e até na própria Academia se discute belas-artes! Os críticos dividiram-se em partido, contra o Vítor e pelo Vítor [...]. No confronto inevitável das duas grandes telas, já não se procura saber qual das duas é a melhor, mas qual é a pior das duas, a mais cheia de defeitos, a menos original, a mais plagiada; e os críticos entregam-se a escavações artísticas que espantam a gente de tanta erudição, e breve descobrem que Pedro Américo plagiou a moldura de *A Batalha do Avaí* e Vítor Meireles as penas de papagaio com que enfeitou o Sr. Felipe Camarão e as de pavão com que escondia a sua nudez estética. Admitindo, portanto, que ambos tenham roubado inspirações para seus quadros, resta saber qual é o bom e o mau ladrão, e comparando-os vê-se: em *A Batalha do Avaí*, desenho, movimento, expressão; em *A Batalha de Guararapes* falta de desenho, falta de movimento e ausência de expressão"[60].

Uma análise mais detida de *A Batalha do Avaí* (14) revela, no entanto, que esta apropriação do quadro e sua utilização na luta contra os cânones da academia (e, portanto, contra a política cultural do Império) não possuía nenhum fundamento na própria pintura. Quando bem observado, o quadro revela uma composição meticulosamente estudada e inteiramente realizada de acordo com as convenções estéticas da academia. Resumidamente, Pedro Américo concebeu a sua cena de batalha a partir de duas diagonais que se cruzam no ponto central da tela, sobre seu auto-retrato. A despeito deste pequeno capricho, as diagonais são rigorosamente pensadas de forma a definir as duas posições

59. *Idem*, p. 155.

60. Angelo Angelini, *Revista Ilustrada*, Rio de Janeiro, ano 4, n. 158, pp. 2 e 3, 25 de abril de 1879. *Apud*, Revista *Crítica de Arte*, *op. cit.*, p. 66.

15. A Batalha do Avaí (Detalhe)
Pedro Américo, 1877
Museu Nacional de Belas-artes, RJ
Fotografia de Raul Lima

16. Um Oficial dos Chasseurs
Géricault, 3,49 x 2,66 m, 1812
Louvre

Pedro Américo usou este quadro como modelo para a composição de um detalhe de sua obra A Batalha do Avaí.

de luta na cena apresentada: do lado esquerdo, representado por Caxias e sua comitiva, os interesses do Brasil, contraposto à posição exatamente simétrica dos paraguaios, demarcada por uma bandeira daquele país. Passo a passo o artista encaminha o observador, pondo-lhe a história da batalha diante dos olhos: da figura à esquerda, vestida de vermelho e reclinada, cujo pé direito tange a barreira estética do quadro, Pedro Américo nos conduz ao oficial que, montado sobre um canhão, acena com seu chapéu em comemoração à vitória da batalha e, assim fazendo, apontando para o grupo dos heróis responsáveis pela mesma[61]. Abaixo e ao redor destes protagonistas, um grupo de paraguaios depõe armas e bandeiras rogando por clemência. Os heróis da cena, por sua vez, observam atentamente os últimos movimentos da batalha já vencida, acompanhando como lentamente a bandeira brasileira avança sobre a posição do inimigo.

A dinâmica básica do quadro resume-se, portanto, no confronto entre os comandantes brasileiros, que vêem suas estratégias de guerra coroarem-se de êxito, e a massa que sucumbe aos horrores da luta. Reconhecemos aqui a estrutura descrita acima na análise do quadro da *Independência*: desta vez no contraste entre a majestade da figura do Duque de Caxias e de seu estado-maior e o caos que toma conta dos campos de batalha à frente e à direita da tela. No entanto, diferentemente do que acontece mais tarde em *Independência ou Morte!*, Pedro Américo não pontuara tão claramente esta estrutura, encobrindo-a com um número quase infinito de elementos ditos "decorativos". Evidente é, no entanto, que *A Batalha do Avaí* tem uma estrutura criteriosamente composta segundo princípios que regiam a criação de um quadro de história e que faziam deste, segundo a tradição acadêmica, o mais nobre dos gêneros da pintura.

A recepção equivocada de seu quadro como uma obra antiacadêmica, deixou Pedro Américo em uma situação bastante incômoda, pondo potencialmente em risco a própria ligação que ele tinha com o imperador e este fato teria conseqüências para o desenvolvimento posterior de sua obra. Sabemos que, após a sua experiência com *A Batalha do Avaí*, Pedro Américo retorna à Europa, e aprofunda-se no estudo de algumas questões estéticas de grande importância para o mundo acadêmico, publicando, ainda em 1879, seu *Discurso sobre o Plágio na Literatura e na Arte*. Estas refle-

61. É interessante notar aqui a citação que Pedro Américo faz do quadro *Um Oficial dos Chasseurs* (16), de Géricault, na figura do cavaleiro que se encontra atrás deste grupo, à esquerda do quadro.

17. Oferecido ao Eminente Pintor Vítor Meireles de Lima
Angelo Agostini, em Revista Ilustrada, *1879*

xões contribuíram, sem dúvida, para a reiteração dos princípios fundamentais de sua própria produção artística, fato que é comprovado quando analisamos os quadros históricos que se seguiram a este período.

Iniciada a década de 1880, Pedro Américo decide pintar um novo quadro, cujo tema seria *A Batalha de San Marino*, vencida pelos italianos sobre a Áustria, que ele pretendia oferecer ao governo daquele país como agradecimento ao acolhimento que recebera em Florença. O quadro, que não chegou a ser executado, e do qual foi conservado, no entanto, um esboço a óleo[62], é de importância aqui, pois nele o artista desenvolverá algumas das soluções pictóricas que serão usadas posteriormente na sua representação da cena da Independência[63]. Nesse esboço, vemos Pedro Américo lançar novamente mão do esquema básico desenvolvido para *A Batalha do Avaí*, defrontando igualmente a placidez do herói com a agitação do campo de batalha. Aqui, porém, o artista diminuiu o número de figuras e detalhes, caminhando na direção de uma composição mais clara, reafirmando com isso suas vinculação à tradição acadêmica.

Esta tendência acentua-se ainda mais na tela da *Independência*. Nela vemos Pedro Américo reiterar o caráter estudado e idealizado do quadro, demarcando programaticamente sua posição contra as tendências realistas de sua época. No *Independência ou Morte!* concretizam-se de tal forma os conceitos do artista referentes à natureza do quadro histórico que o vemos a um passo de transformar sua forma em fórmula. Não é por acaso que, desta vez, ao expor o quadro ao público, ele o tenha feito acompanhar de um texto em que reiterava efusivamente suas intenções e demarcava sua posição dentro dos debates entre acadêmicos e antiacadêmicos de então. Com *Independência ou Morte!* Pedro Américo reafirmava sua adesão à política cultural do Império e mais diretamente ao projeto nacionalista do imperador D. Pedro II, uma posição que o lançou em sérias dificuldades um ano depois, com o início da República, e que exigiu grande habilidade política do artista para ser superada.

O Brado do Ipiranga

62. O quadro deixou de ser pintado devido à formação da Tríplice Aliança em 1882, que unia a Itália, a Alemanha e a Áustria contra a França.

63. Assim, por exemplo, Pedro Américo já usa aqui uma estrada como reforço de linhas composicionais, além de representar igualmente uma pequena casa à direita, como elemento de equilíbrio na disposição de massas no quadro.

Algumas Palavras acerca do Texto "O Brado do Ipiranga" e de Sua Ligação com a Tradição Acadêmica

Referindo-se ao pequeno livro que Pedro Américo publicou por ocasião da exposição de seu quadro *Independência ou Morte!* em 1888, Cardoso de Oliveira, genro e biógrafo do artista, comenta: "Essa memória revela os longos estudos que habilitaram o autor a elevar-se de indução em indução até à representação estética da verdade histórica. Pela leitura do interessante livrinho, fica o leitor edificado quanto ao modo de proceder do pintor de história digno deste nome [...]"[1].

De fato, não restam dúvidas de que, com o texto "O Brado do Ipiranga", Pedro Américo pretendia reafirmar publicamente os princípios que norteavam sua pintura, explicitando sua posição diante de importantes debates que agitavam o mundo acadêmico de então.

Na segunda metade do século XIX, a instituição acadêmica entraria em uma profunda crise na Europa. Enquanto cresciam as críticas externas e organizava-se um novo circuito artístico independente, as próprias academias, por força das circunstâncias, expunham seus fundamentos a um intenso debate. No centro dessas discussões encontrava-se, naturalmente, o mais importante gênero das artes plásticas segundo esta tradição: a pintura de história.

1. Cardoso de Oliveira, *Pedro Américo: Sua Vida e Sua Obra*, Rio de Janeiro, 1943, p. 157.

O interesse cada vez mais generalizado na reprodução exata de eventos históricos, tal como o propunha em termos teóricos Jules Michelet[2] e, na prática, um número cada vez maior de artistas que povoavam os salões da Academia Francesa, desestabilizava o edifício conceitual que sustentara a pintura de história desde o Renascimento, como um gênero essencialmente ligado a preceitos morais. A discussão sobre a função e a forma que esse gênero deveria assumir na contemporaneidade dividia as opiniões no mundo acadêmico, gerando um debate que ficou conhecido na história da arte como o confronto entre "realistas" e "idealistas"[3].

Como pintor de história, Pedro Américo – que estudara na École des Beaux-Arts e dividia sua vida profissional entre Europa e Brasil – acompanhava de perto este debate, posicionando-se, como veremos, a favor da preservação de um modelo tradicional de pintura histórica, ainda que buscando simultaneamente uma conciliação deste com as novas posturas teóricas da época. É para este rico diálogo de Pedro Américo com o mundo intelectual da academia de seu tempo, que se revela nas páginas de seu pequeno livro sobre o "Brado", que pretendemos chamar a atenção aqui. Com esse objetivo, faremos inicialmente uma exposição breve dos preceitos básicos da doutrina acadêmica, tal como ela foi construída ao longo de quase três séculos de história, para em seguida situar o pensamento do artista em relação a esta doutrina. Esperamos desta forma estar contribuindo para uma leitura mais matizada tanto do pensamento, quanto das obras de Pedro Américo.

O Lugar Tradicional da Pintura Histórica no Edifício Conceitual da Academia

A fundação da Académie Royale de Peinture et de Sculpture na França, no ano de 1648, marca a sistematização e institucionalização de uma vasta tradição de práxis e reflexão teórica envolvendo as artes visuais, que, como dissemos, remontava no

2. Jules Michelet (1798-1874) é o mais conhecido historiador francês do século XIX. Sua principal obra, *Histoire de France*, organizada em 20 volumes, foi publicada em 1833. Michelet cobrava da pintura histórica uma fidelidade absoluta ao fato representado, uma vez que ele a concebia como fonte privilegiada para o estudo da própria história. Cf. Th. Gaehtgens "Historiemalerei. Zur Geschichte einer klassischen Bildgattung", em *Historienmalerei*, Berlim, 1996.

3. O grande teórico da postura "idealista" nesse debate, que dividiu o mundo acadêmico do século XIX em torno da questão da pintura histórica, foi Charles Blanc (1813-1882), que, com seu livro *Grammaire des arts du dessin*, forneceu a última afirmação sistemática do aparato conceitual tradicionalmente ligado ao gênero. Seu livro, na verdade um manual para artistas, buscava enfatizar o caráter moral e ideal da pintura histórica. Cf. Th. Gaehtgens, *op. cit.*

mínimo ao Renascimento. Desde então, a produção artística passou a ser acompanhada *pari passu* por reflexões estéticas que, com o tempo, estruturaram um *corpus* teórico referencial, a partir do qual a produção artística de vários séculos foi discutida e avaliada. Central nesta longa tradição – que recebeu seu primeiro tratamento sistemático nas *Conférences* protocoladas pelo secretário da Académie Royale, André Félibien (1619-1695), durante a gestão de Charles Lebrun na segunda metade do século XVII – era a idéia da existência de uma hierarquia que regeria os diferentes gêneros da pintura, ocupando a pintura histórica (ou história) a posição de mais alto prestígio[4].

"Aquele que pinta animais vivos é mais estimável que aquele que só representa coisas mortas e sem movimento, e como a figura humana é a obra mais perfeita de Deus sobre a terra, é certo também que aquele que se torna imitador de Deus ao pintar figuras humanas, é muito mais excelente que todos os outros. Mas ainda que não seja pouca coisa fazer a figura de um homem parecer viva, e dar aparência de movimento onde ele não existe; um artista que pinta apenas retratos não atingiu ainda a mais alta perfeição da Arte, e não pode reclamar a honra que recebem os mais sábios. Para tanto é preciso passar de uma só figura à representação de muitas juntas, é preciso tratar a história e a fábula, é preciso representar as grandes ações como os Historiadores, ou os temas agradáveis como os Poetas, e indo mais além, é preciso através de composições alegóricas saber cobrir sob o véu da fábula as virtudes dos grandes homens e os mistérios mais elevados. Chamamos de grande pintor aquele que realiza tal tarefa bem. É nisso que consiste a força, a nobreza e a grandiosidade desta Arte"[5].

O Brado do Ipiranga

Tal valorização da pintura histórica (que incluía quadros de cenas históricas, religiosas e da

4. Essa doutrina, que perdurou nas academias em toda a Europa até o final do século XIX, pregava a seguinte ordem de valores para a pintura: como a mais nobre encontrava-se no alto da escala a história, seguida pelo retrato, pela pintura de gênero, pela paisagem e finalmente pela natureza-morta. A posição da pintura de gênero sempre foi um pouco incerta, sendo às vezes considerada inferior à paisagem (cf. Gaehtgens, *op. cit.*).

5. Cf. Félibien, "Conférence de l'Académie Royale de Peinture et de Sculpture", em Gaehtgens, *op. cit.*, p. 156. A valorização da pintura histórica sobre os demais gêneros da pintura segue uma tradição que remonta a Leon Battista Alberti. No Livro Segundo do seu *De Pictura* (1436), o autor comenta: "A maior obra do pintor não é um colosso, mas uma história. A história proporciona mais glória ao engenho do que o colosso" (tradução brasileira, Ed. da Unicamp, 1992, p. 107); e mais adiante: "A história, merecedora de elogio e admiração, deverá com seus atrativos se apresentar de tal forma ornada e agradável que conquistará, pelo deleite e movimento de alma, a todos que a contemplarem, doutos ou indoutos" (*idem*, p. 112). Durante o período rococó, tais teorias foram parcialmente abandonadas, retornando, no entanto, com toda sua força com a reação anti-rococó da segunda metade do século XVIII. Sobre este assunto ver: Michael Fried, *Absorption and Theatricality: Painting and Beholder in the Age of Diderot*, Chicago e Londres, The University of Chicago Press, 1988, especialmente cap. II.

mitologia pagã) nascera da larga tradição do *paragone*, ou seja, da competição entre as artes (em especial entre artes visuais e literatura), iniciada no Renascimento[6]. Na tentativa de elevar a pintura ao mesmo âmbito da poesia, ou seja, de elevá-la acima da pura imitação da natureza, desenvolveu-se uma tradição de pintura narrativa, baseada na máxima de Horácio: *Ut Pictura Poesis* (traduzindo livremente: tal como na pintura, assim na poesia). Fundamental nesta concepção era a noção de que, como o poeta, o pintor de história deveria ser um humanista, um estudioso do legado clássico, um *pictor doctus*[7]. Desta forma, sua arte abandonaria o âmbito da pura cópia do real para tornar-se *concetto* (conceito)[8]. Como o poeta, também o pintor de história diferenciar-se-ia por sua capacidade de *invenção* e não somente por sua técnica. Nossa admiração pelo seu trabalho resultaria de sua capacidade de ser *exemplus virtutis* e não de seu virtuosismo[9].

Derivada desta longa tradição da teoria da arte italiana, a valorização da pintura histórica como o principal gênero das artes plásticas tornou-se o sustentáculo do ensino acadêmico desde a fundação da Academia Francesa em 1648. O mais nobre dos gêneros da pintura garantia um novo *status* para o pintor dentro do âmbito social. Também oriundos da mesma tradição italiana eram os critérios básicos que norteavam a definição do que seria um quadro de história. Em suas *Conférences*, André Félibien sistematizara e comentara detalhadamente nas obras de artistas como Rafael, Ticiano, Veronese e especialmente Nicolas Poussin, muitas das idéias

6. Leonardo da Vinci foi o pintor renascentista que, em seu famoso *Paragone*, levou mais longe esta competição. Em seu *Il Trattato della Pittura*, escrito por volta de 1500, lê-se ainda: "Diremos, portanto, que a Poesia é uma ciência que opera fortemente sobre os cegos e que a Pintura faz o mesmo para os surdos; a Pintura permanece porém mais elevada, na medida em que ela serve um órgão mais nobre" em Thomas Gaehtgens (org.), *op. cit.*, p. 84.

7. Falando de Domenichino em seu *Vite*, Giovan Pietro Bellori escreve: "Quando ele estava pintando em S. Andrea della Valle, os padres o pressionaram a pintar a tribuna, e passado um mês sem que ele tivesse aparecido lá, ele respondeu que a tinha pintado todos os dias. Quando os padres lhe perguntaram como isso era possível se ele nunca tinha ido lá para pintar um traço sequer, Domenico respondeu: 'Eu pintei lá incessantemente com meu espírito'" (*idem*, p. 167).

8. A idéia de *concetto* (equivalente ao *disegno* renascentista) reafirmava o caráter racional da pintura, e por conseqüência a possibilidade de ensiná-la a partir de um sistema de regras bem estabelecidas. A valorização do desenho sobre a cor na doutrina acadêmica é uma conseqüência desta convicção, uma vez que o desenho era tradicionalmente associado ao pensamento matemático, ao passo que a cor encontrava-se ligada ao reino do sensório, do imponderável. O *Tratado das Paixões*, publicado em 1698 por Charles Lebrun, dá-nos a medida dos esforços de racionalização do ensino das artes empreendidos na academia então.

9. O conceito de invenção a que nos referimos aqui, não é, evidentemente, o romântico, mas sim a capacidade de compor, usando elementos da natureza, de um lado, e da tradição pictórica, de outro, um quadro que fosse síntese de uma determinada idéia exemplar.

associadas desde o Renascimento a esse gênero pictórico. Resumidamente, nelas o autor pregava a necessidade de seguir também na pintura o princípio aristotélico de unidade entre espaço/tempo e ação na construção da narrativa[10]. Esta exigência envolvia prescrições bastante específicas em relação à composição do quadro. Seu cumprimento demandava uma alta dose de *idealização*, na medida em que todas as suas figuras deveriam estar associadas e funcionar como reforço para a caracterização específica da ação do herói retratado. Todo o quadro deveria demonstrar uma única ação (de caráter moralizante), realizada num único momento, em um único cenário. Diz Félibien: "O que chamamos de História ou de Fábula em um quadro é a imitação de uma ação que aconteceu, ou poderia ter acontecido, entre várias pessoas; é preciso no entanto observar que em um quadro só pode haver um único tema; e ainda que ele seja coberto com um grande número de figuras, elas devem todas ter uma relação com a figura principal, tal como foi visto na sexta conferência no quadro da queda do Maná"[11] (18).

Para dar conta da unidade necessária entre espaço e tempo, e ainda assim contar uma história (ação), as figuras precisariam ser expostas em relação ao herói de tal forma que as que se encontrassem à sua esquerda indicassem o prelúdio da história e as figuras à direita o pleno desenvolvimento de sua ação (ou seu reforço). O quadro deveria ser lido, portanto, como um livro, da esquerda para a direita, e a ação única do herói deveria conter em si todo o desenvolvimento da história[12]. Esta forma um tanto "artificial" de composição justificava-se, como já mencionamos acima, pelo caráter *exemplar* exigido para o quadro. A pintura de uma história não deveria reproduzir a história propriamente dita, mas sim extrair dela o seu caráter perene e portanto ideal.

Eram essas regras básicas de composição de quadros históricos, desenvolvidas ao longo da prática de ensino acadêmico, que entrariam em crise

10. Aristóteles, *Poética*, em *A Poética Clássica*, São Paulo, Cultrix, 1988.

11. Félibien, *op. cit.*, p.156.

12. "Lisser la Peinture" era a máxima de Poussin. A questão da direção da leitura no quadro é na verdade um pouco mais complexa. Em seus afrescos para as *stanze* do Vaticano, Rafael já desenvolvera a possibilidade de uma narrativa em profundidade. Em sua *Escola de Atenas*, por exemplo, a direção é determinada pelas figuras de Platão e Aristóteles, que entram na Academia avançando em direção ao observador. Também Poussin explorara esta possibilidade, especialmente em seus quadros de paisagens, como em *Paisagem com um Homem Morto por uma Serpente*, pintado em 1648, ou em *Paisagem com Píramo e Tisbe* (1651).

18. A Queda do Maná
Nicolas Poussin, 1,49 x 2,00 m, 1639
Louvre

no final do século XIX, com o nascimento de uma concepção de pintura histórica como registro fiel do fato histórico. Como já dissemos, é justamente no contexto do confronto entre estes dois modelos que se situa o pensamento de Pedro Américo, tal como ele aparece no pequeno livro sobre o "Brado".

Em uma leitura atenta, podemos claramente perceber o desejo do artista de vincular-se à tradição mais antiga de pintura histórica, no que concerne tanto à idealização da história, quanto às regras de composição: "A realidade *inspira*, e não *escraviza* o pintor. Inspira-o naquilo que ela encerra digno de ser oferecido à contemplação pública, mas não o escraviza o quanto encobre, contrário aos desígnios da arte, os quais muitas vezes coincidem com os desígnios da história.

E se o historiador afasta dos seus quadros todos os incidentes perturbadores da clareza das suas lições e da magnitude dos seus fins, com muito mais razão o faz o artista, que procede dominado pela idéia da impressão estética que deverá produzir no espectador a sua obra"[13].

E, mais adiante, revelando sua preocupação com a composição geral e a disposição das figuras no quadro: "Demais, nos quadros históricos, principalmente naqueles em que a ação geral domina a particular, a preocupação de retratar os atores desaparece diante da necessidade e da dificuldade de reduzi-los a elementos, não demasiado individuais, de uma mesma composição estética"[14].

Ainda em outro aspecto, o texto sobre o "Brado" revela-se fiel à tradição acadêmica discutida acima: em sua preocupação com o *decorum*. A imposição de uma unidade entre espaço, tempo e ação obedecia a uma regra mais ampla da antiga retórica clássica, que via como necessária uma *adequação*, tanto das partes do quadro em relação ao todo, quanto do todo e suas partes em relação à realidade social na qual sua produção se inseria[15]. Em seu aspecto de adequação externa, a exigência de *decorum* possuía uma estreita relação com a idéia de

O Brado do Ipiranga

13. Pedro Américo, "O Brado do Ipiranga ou a Proclamação da Independência do Brasil", 1888, reproduzido na íntegra neste volume, p. 19.

14. *Idem*, p. 22.

15. O conceito de *decorum* refere-se a uma adequação tanto das partes do discurso ao seu todo, quanto à sua adequação externa: "que concerne à relação do todo do discurso e suas partes às condições sociais do discurso". Cf. H. Lausberg, *Handbuch der literarischen Rhetorik*, Stuttgart, 1990, p. 508, §1057. Os dois aspectos do conceito de *decorum* foram adaptados à concepção de quadro histórico. A articulação interna da composição pictórica refere-se ao primeiro aspecto do conceito, enquanto aqui trato mais diretamente do aspecto de adequação externa da obra ao seu meio social.

perenidade do quadro histórico. O que deveria ser retratado não era o fato histórico em si, mas a idéia exemplar (e eterna) daquele evento[16]. Essa exigência aparece, por exemplo, na justificativa que Pedro Américo dá para a sua representação de D. Pedro I: "[...] conhecendo pelas estampas e pelos retratos literários a nobre fisionomia do Fundador do Império, e sabendo que D. Pedro na tarde de 7 de setembro sofria de um incômodo gástrico que o obrigou a separar-se da sua Guarda de Honra, não deveria o artista alterar desfavoravelmente os traços do augusto moço naquele momento solene; porque se tal ocorrência foi com efeito real, e até mereceu a atenção do cronista, ela é indigna da história, contrária à intenção moral da pintura, e por conseqüência imerecedora da contemplação dos pósteros"[17].

No entanto, ainda que Pedro Américo juntasse claramente sua voz ao grupo de teóricos então chamado de "idealistas" neste debate, sua posição também denotava um diálogo com as tendências "realistas" de pintura histórica, postas em prática por artistas como Ernest Meissonier, Gérome e Horace Vernet. Esta ambigüidade de postura, ou, melhor dizendo, esta busca de compromisso entre duas posições a princípio inconciliáveis, será a marca de seu pensamento (e de sua prática) sobre arte. Evidentemente, no entanto, Pedro Américo não se encontrava sozinho neste empreendimento.

A Crise do Modelo Acadêmico

Ao longo do século XIX, o modelo acadêmico enfrentaria uma grande crise que resultaria em seu completo desaparecimento no século seguinte. Tal crise iniciara-se já no século XVIII, com a intensificação do debate em torno da especificidade dos meios de cada uma das artes, tal como ele foi desenvolvido, por exemplo, no célebre ensaio de Gotthold Ephraim Lessing sobre o *Laocoonte*, publicado em 1766[18]. Lessing fundamentalmente colocava em questão o princípio da *Ut Pictura Poesis*, que sustentou o gênero histórico em sua posição

16. Esta idéia servirá ainda como justificativa para a não representação de fatos históricos contemporâneos e para o desenvolvimento da tradição de representação de cenas da história clássica como metáfora desses acontecimentos. Tal procedimento desenvolveu-se plenamente no contexto do mecenato do Estado na época de Luís XIV.

17. Pedro Américo, neste mesmo volume, p. 20.

18. Lessing, *Laocoonte: Ou sobre as Fronteiras da Pintura e da Poesia*, tradução, introdução e notas de Márcio Seligmann-Silva, São Paulo, Iluminuras, 1998.

privilegiada desde o Renascimento, na medida em que ele considerava a narrativa (ou seja o desenvolvimento temporal de uma história) como adequada apenas à poesia e não às artes visuais[19]. Ainda que seu interesse estivesse voltado para uma crítica da literatura de sua época, muitas vezes *naïve* e mesmo tendenciosa do ponto de vista das artes plásticas, seus argumentos revelavam o nascimento de uma nova concepção de arte, na qual não mais a temática, a ação do herói, mas a qualidade pictórica deslocava-se para o centro das preocupações teóricas e práticas de artistas e críticos[20]. Esse foi o primeiro passo dado em direção ao questionamento de toda a hierarquia de gêneros que sustentava o sistema acadêmico. O passo definitivo nesse sentido só seria dado no século seguinte com o nascimento da arte romântica. Ainda assim, vemos alguns autores do século XVIII questionar a primazia da pintura histórica, mesmo que de forma menos conseqüente e mais cautelosa. A alta estima que Denis Diderot guardava da obra de Jean-Baptiste Greuze e seu *plaidoyer* a favor de uma pintura histórica que incluísse a pintura de gênero, sinalizava justamente o começo do desmoronamento do antigo edifício conceitual defendido por Félibien[21].

A posição romântica pôs um fim na hegemonia da concepção acadêmica de pintura. Defendendo o ponto de vista individual e subjetivo do artista, a obra de arte começou a ser tratada, primeiramente pelos românticos ingleses e alemães, como a expressão desta individualidade. Deste ponto de vista, uma paisagem ou uma natureza-morta poderiam falar tão bem ou, às vezes, ainda melhor que a pintura histórica, de valores universais. A escala de gêneros foi posta então de ponta-cabeça na medida

O Brado do Ipiranga

19. Para Lessing as artes plásticas eram artes espaciais, encontrando o seu objeto adequado na descrição detalhada de uma realidade: "É portanto certo: a seqüência temporal é o âmbito do poeta, assim como o espaço é o âmbito do artista", diz o autor no capítulo XVIII de seu livro. *Idem*, p. 211.

20. Já desde o século XVII pode-se identificar uma resistência em relação ao pensamento teórico dominante na Academia Francesa. Roger de Piles destaca-se como o principal teórico defensor de uma posição "antiacadêmica" no século XVII, pelo menos até 1699, quando, após a morte de Lebrun, ele se torna "conselheiro honorífico" da academia, sob a direção de seu amigo Charles de La Fosse. Ao longo da era Lebrun, de Piles inovara por sua valorização da cor como elemento central da pintura, e por sua defesa da pintura veneziana e flamenga, que levou ao famoso debate entre poussinistas e rubinistas, característico das discussões estéticas daquele século.

21. Michael Fried, *op. cit.*, discute a complexidade desta questão na obra de Denis Diderot, mostrando o quanto sua posição oscila entre a aceitação da tradicional hierarquia dos gêneros e sua crítica. Essa ambigüidade assinala, sem dúvida, sua obra como fruto indiscutível de sua época.

em que a pintura deixara de ser imitação ou idealização de uma realidade objetiva (externa), para descrever o mundo interno, subjetivo do artista[22].

A Doutrina Acadêmica no Século XIX

Apesar de a doutrina acadêmica ter se tornado obsoleta com o advento do romantismo, ela sobreviveu ao longo de todo o século XIX, na medida em que, mantendo o seu corpo teórico mais ou menos intacto, adaptou-se em sua forma externa às novas tendências estilísticas que se sucediam ao longo do século. Aos poucos, no entanto, estas adaptações levaram a um sistema de equilíbrio bastante precário, que pode ser visualizado por meio do ecletismo característico da segunda metade do século, e desembocou no grande debate acadêmico sobre pintura histórica, do qual tratamos anteriormente. Concepções teóricas contraditórias passaram a conviver lado a lado na academia, harmonizando-se superficialmente e dando um caráter moderno a uma pintura preocupada em preservar seu vínculo com a tradição.

O início do realismo na França, com Gustave Courbet e a Escola de Barbizon, levou o sistema acadêmico a enfrentar sua mais profunda crise. Esta pintura posicionava-se *programaticamente* contra os princípios mais fundamentais da doutrina acadêmica: a hierarquia de gêneros, com sua valorização da pintura histórica, suas regras de composição e a sua inerente idealização. Propunha-se, em seu lugar, uma pintura que fosse apenas um registro preciso e desidealizado da realidade, uma arte "essencialmente concreta", preocupada apenas com a "apresentação de coisas reais e existentes", nas palavras de Courbet. Apesar da luta acirrada que se travou então entre acadêmicos e esses artistas independentes[23], os primeiros não permaneceram isentos da forte tendência materialista que marcara todo o século. Na segunda metade do século XIX, vemos então, com o aguçamento da questão, surgir o importante debate acadêmico em torno do gênero histórico, apresentando-se para os seus contemporâneos, como já dissemos, como um conflito entre "idealistas" e "realistas" (ou "materialistas").

O núcleo do conflito encontrava-se, em última instância, na discussão acerca da função contem-

22. A questão não é tão simples quanto parece, uma vez que, pelo conceito de gênio, estabelece-se também na pintura (assim como na literatura) romântica uma pretensão à representação de valores universais. O abandono definitivo da idealização na arte, como logo veremos, teria que esperar o advento do realismo de Courbet, já em meados do século XIX.

23. Pensemos apenas na exposição Le Réalisme, de Courbet, organizada do lado oposto à Exposição Universal de 1855.

porânea de quadros históricos, desencadeada, em parte, pelo largo debate gerado em torno da exposição itinerante de duas grandes telas dos artistas belgas Louis Gallait e Edouard de Bièfve, por várias capitais européias[24]. Esses dois artistas propunham com suas obras, não mais uma pintura histórica que fosse *exemplum virtutis*, mas uma representação historicamente precisa de eventos patrióticos significativos. Influenciados pelo positivismo reinante na época, eles pregavam o privilégio dos "fatos" históricos sobre a tradicional composição idealizada, tal como ela fora teorizada e incorporada à doutrina acadêmica.

Como já vimos acima, era justamente o caráter exemplar da pintura histórica que exigia um distanciamento do fato em si, a fim de que o sentido "último" e "perene" do evento representado pudesse ser destacado. A utilização de cenas da história e da mitologia clássicas, como metáfora do fato histórico contemporâneo, era uma das estratégias usadas para superar o aspecto "acidental" da história. Evidentemente, a preocupação com a veracidade da cena retratada entrava em choque com esta concepção. Ela exigia o abandono da história como *concetto* para propô-la novamente como imitação do real[25].

Nas academias de toda a Europa instaura-se uma discussão sobre a legitimidade de tais representações históricas. Enquanto na França o debate é atenuado pela apropriação quase imediata desta nova forma de pintura pelo Estado, principalmente por Napoleão III[26], em território alemão ele ganha largas dimensões, até o novo modelo de pintura histórica ser definitivamente adotado pelos pintores oficiais de Guilherme I, especialmente por Anton von Werner. Em 1843 o pintor Ernst Förster[27], pronunciando-se a respeito do quadro de Gallait escreveria:

"O artista, como se vê de imediato, tentou pensar seu objeto da forma mais real possível; ele se

24. Os dois quadros expostos foram: de Gallait, *A Abdicação do Imperador Carlos V em favor de Seu Filho Filipe II*, e de Bièfve, *O Acordo entre os Nobres Flamengos a 16 de Fevereiro de 1566*, ambos encomendas do governo belga. Vale lembrarmos que Pedro Américo conhecia de perto a pintura belga de sua época, uma vez que morou vários anos em Bruxelas enquanto realizava o seu doutorado.

25. Nesse sentido, apesar de apresentar-se como uma revitalização ou uma solução para o gênero da pintura histórica, então em crise, ela questionava, em última instância, os valores fundamentais da doutrina acadêmica.

26. Apesar disso, o debate pode ser acompanhado, como dissemos, no confronto das posições teóricas de Jules Michelet e Charles Blanc.

27. Ernst Förster (1800-1889) era pintor e escrevia sobre arte. Foi aluno de Peter Cornelius e trabalhou principalmente em Munique.

transportou (não só no quadro) para aquele momento e utilizou sua imaginação, por assim dizer, como daguerreótipo. [...] Assim, parece não faltar nada para uma interpretação histórica, *porém para uma interpretação histórica falta nada menos que tudo*. Tão pouco quanto um pedaço de terra com todas as pedras, plantas e bichos que sobre ela cresce é história natural; tão pouco quanto fala e discurso, tal como eles aparecem na vida normal são poesia; tão pouco quanto a repetição de tons na natureza é música: tão pouco uma reprodução de um momento real produz um quadro histórico e conseqüentemente uma concepção baseada nesta forma de interpretação não é histórica. [...] a interpretação histórica em arte não tem nenhuma relação com o acontecimento casual, que freqüentemente só é compreensível para aqueles que estavam presentes, mas sim com o conteúdo de um acontecimento, com aquilo que permanece compreensível para todos e para sempre, com o significado da história, e é desta interpretação da história que deriva a forma de representação histórica"[28].

Por sua vez, saindo em defesa dos pintores belgas, artistas como Ludwig Igelsheimer e críticos como Franz Kugler[29] defendiam a idéia de que a idealização não poderia ser permitida quando ela falseava a realidade dos fatos e que a nobreza do próprio momento histórico deveria garantir a nobreza e importância da representação da história[30].

Como temos insistido, o livro de Pedro Américo sobre o "Brado" está em estreito diálogo com este debate e revela seu apoio às posições idealistas diante da questão do quadro histórico[31]. Nesse sentido, já demos, anteriormente, alguns exemplos do posicionamento de Pedro Américo em favor da pintura histórica tradicional. No entanto, seu texto denota também um grande interesse pelas novas idéias sobre o tema e seus esforços para conciliá-las com sua postura mais conservadora. O texto sobre o "Brado" traz trechos inteiros que demostram, por exemplo, o quanto Pedro Américo refletira sobre a questão da "veracidade" histórica: "Buscando as pessoas que, pela idade ou pela ilustração, já em diversas cidades da província de São Paulo, já no

28. Ernst Förster, "Aus dem gegenwärtigen Kunstleben am Rhein und in den Niederlanden", em Werner Busch (org.), *Kunsttheorie und Kunstgeschichte des 19. Jahrhunderts in Deutschland I*, Stuttgart, 1986, p. 188.

29. Franz Kugler (1808-1858), crítico e historiador da arte, professor da Academia de Berlim a partir de 1843. Vale ressaltar aqui que a polarização entre pintura histórica "idealista" e "materialista" se deu, na Alemanha, também em termos de escola, representando Munique e o círculo em torno de Peter Cornelius a primeira vertente, e Berlim, a segunda.

30. Cf. Busch (org.), *op. cit.*

31. Cf. nota 13.

Rio de Janeiro, podiam ilustrar-me, colhi muitas notícias difíceis de haver de outro modo, e até consegui obter fardas, capacetes e outros objetos da época, os quais, restaurados ou reproduzidos por hábeis artífices, me serviam de modelo na confecção do trabalho.

Com licença de distintas famílias copiei retratos de alguns dos companheiros de D. Pedro, anotando as minhas cópias com diversas observações de pessoas que intimamente conheceram os retratos. [...]"[32].

Mas este seu esforço viria sempre acompanhado de investidas no sentido de integrar tais idéias à sua concepção "idealizante" de história. Assim, depois do relato detalhado do seu empenho para garantir a maior fidelidade possível ao fato histórico, Pedro Américo conclui: "[...] nos quadros históricos, principalmente naqueles em que a ação geral domina a particular, a preocupação de retratar os atores desaparece diante da necessidade e da dificuldade de reduzi-los a elementos, não demasiado individuais, de uma mesma composição estética"[33].

E é também nesse tom que o artista fecha o capítulo do livro dedicado à pintura: "Finalmente, comparando as tradições, as crônicas, as passagens históricas, os ditos e presunções individuais, os testemunhos artísticos e as diferentes opiniões acerca do sucesso 'que fez estremecerem de júbilo as margens do Ipiranga', consegui compor a fraca obra que agora submeto ao benévolo juízo das pessoas ilustradas do meu país; certo de que, se não acertei, ao menos esforcei-me por ser sincero reprodutor das faces essenciais do fato, sem esquecer totalmente as difíceis e severas lições da ciência do belo"[34].

O Brado do Ipiranga

A estratégia conciliatória entre as duas formas conflitantes de compreender pintura histórica, proposta pelo artista é clara: "realismo" no detalhe, "idealismo" no conjunto da composição[35], uma solução que aparece, não só em seu texto, mas tam-

32. Pedro Américo, neste mesmo volume, p. 22.

33. *Idem, ibidem.*

34. *Idem*, p. 27.

35. Essa estratégia aproxima-se da solução dada ao conflito por Max Schasler trinta anos antes em seu famoso texto "Sobre Idealismo e Realismo na Pintura Histórica": "No que concerne especialmente ao estilo histórico, o mesmo não consiste nem na caracterização da atividade concreta e imediatez das pessoas e ações, nem no simples pavonear-se externo de um *pathos* convencional; tão pouco em verdades naturais individuais, ou em efeitos retratísticos triviais, quanto em um esquema acadêmico rígido e meticuloso ou em vestimentas retóricas tradicionais: ele consiste, ou melhor, origina-se como uma conseqüência lógica do sentido maior e mais geral, que as pessoas retratadas obtêm como representantes de uma grande idéia [...]".O texto, publicado em 1858, trata de uma comparação entre obras de Moriz von Schwind e Adolf Menzel, como representantes respectivos da escola de Munique e de Berlim. Cf. Busch (org.), *op. cit.*, p. 231.

bém na resolução visual que ele forneceu ao tema da Independência em seu famoso quadro.

O pequeno livro sobre o "Brado" apresenta, portanto, algumas respostas encontradas pelo artista para questões prementes que agitavam o ambiente acadêmico de sua época. Sua publicação reafirmava, assim, o forte vínculo que ele tinha com a academia e sua tradição. Ao juntar o livrinho à exposição do quadro *Independência ou Morte!*, Pedro Américo estava sugerindo, portanto, um contexto interpretativo específico[36], que deve ainda ser considerado em nossa recepção hoje.

36. A importância desse gesto, no contexto específico das relações de Pedro Américo com a Academia Imperial do Rio de Janeiro, foi abordada no meu artigo "*Independência ou Morte!*: O Quadro, a Academia e o Projeto Nacionalista do Império", que integra também este livro.

19. Independência ou Morte!
Pedro Américo, 7,60 x 4,15 m
Museu Paulista – USP
Fotografia de José Rosael

Créditos

TÍTULO
O Brado do Ipiranga

ORGANIZADORAS
Cecilia Helena de Salles Oliveira
Claudia Valladão de Mattos

CAPA, PROJETO E PRODUÇÃO GRÁFICA
Marcelo Mario

REPRODUÇÕES FOTOGRÁFICAS
José Rosael

EDITORAÇÃO DE TEXTO
Alice Kyoko Miyashiro

REVISÃO DE TEXTO
Joaquim Antonio P. Sobrinho

REVISÃO DE PROVAS
Érica Bombardi
Tania Mano Maeta

DIGITAÇÃO E ATUALIZAÇÃO GRAMATICAL
Milse Conte

DIVULGAÇÃO
Mônica Cristina G. dos Santos
Paul González
Silvia Basilio Ribeiro

SECRETARIA EDITORIAL
Eliane Reimberg
Rose Pires

Formato 20 x 20 cm – Mancha 13,5 x 15 cm – Tipologia AGaramond, Century, Footlight, Frutiger e Tiffany – Papel capa Supremo 300 g/m^2 e miolo couché 150 g/m^2 – 136 páginas – Tiragem de 1500 exemplares – Scaner de cromos e Fotolitos Macin Color – Impressão Imprensa Oficial do Estado de S. Paulo